kompaktwissen

GARETH GARDINER

Chef-Training

Wie Sie sich als Vorgesetzter
Respekt verschaffen und immer
Herr der Lage bleiben

Deutsche Erstausgabe

Wilhelm Heyne Verlag
München

HEYNE KOMPAKTWISSEN
Nr. 22/337

Herausgeber der Reihe »kompaktwissen«:
Dr. Uwe Schreiber

Titel der amerikanischen Originalausgabe
TOUGH-MINDED MANAGEMENT
Deutsche Übersetzung von Resel Rebiersch

Printed in Germany 1994
Umschlaggestaltung: Atelier Ingrid Schütz, München
Satz: Schaber Datentechnik, Wels
Druck und Bindung: Ebner Ulm

ISBN 3-453-076303

Für meine Frau Maureen

Für Frances und James,
meine Eltern und meine Kinder

Inhalt

Vorwort: Freud und Leid des starken Managers

Sind Sie ein netter Chef — und gerät Ihnen dieses Nettsein immer wieder zum Fallstrick? Stehen Sie manchmal hilflos vor einer Situation, die aus dem Ruder läuft? Fühlen Sie sich zuweilen als Mitarbeiter Ihrer Mitarbeiter?

Diese Fragen sind provokativ — denn sie kommen in den momentanen Führungstheorien nicht vor. Der moderne Manager gibt sich umgänglich, liebenswürdig — einfach nett. Und mit dieser Haltung verschärft er oft Personalprobleme, wenn er Konflikte fürchtet.

Es hat etwas Verführerisches, Konflikte zu vermeiden. Zunächst einmal gewinnen wir Zeit. Wir beschwichtigen uns: »Das Problem ist nur temporär — es wird sich von selbst lösen.« Doch meistens wächst das Problem stattdessen, und am Ende bringt es mehr Schwierigkeiten ein, als wenn wir es gleich angegangen hätten. Nicht selten endet das Ganze sogar in einer echten Krise.

Über dieses Buch

Kapitel 1 und 2 behandeln das »Kumpel-Syndrom« im Management, die exzessive Liebenswürdigkeit als Achillesferse der Führungspersönlichkeit. In Kapitel 3 wird ein Modell für effiziente, klare Personalführung vorgestellt, das einen Mittelweg zwischen Anbiederei und Machtdemonstration geht.

In den Kapiteln 5 bis 8 entwickele ich ein 5-Stufen-Verfahren für den Umgang mit Problemfällen in der Personalpraxis. In Kapitel 4 beginne ich mit dem Mitarbeitergespräch. In Kapitel 5 erfahren Sie, wie Sie durch eine bloße Definition des Problems bereits Ergebnisse erzielen können. Kapitel 6 zeigt Techniken der Problemklärung und des wertfreien Umgangs mit schwierigen Mitarbeitern. Kapitel 7 behandelt die Beendigung eines heiklen Mitarbeitergesprächs — ein äußerst wichtiges Thema, denn hier müssen Sie auf Zusagen bestehen oder bittere Konsequenzen in Aussicht stellen. Kapitel 8 erläutert die Bedeutung von schriftlicher Dokumentation der Vorgänge.

In Kapitel 9 wird unser Konzept effizienten, durchsetzungsfähigen Personalmanagements auf andere Bereiche des täglichen Lebens ausgeweitet.

In allen Kapiteln finden Sie praktische Tips, Fallbeispiele und Musterdialoge.

Danksagung

Ich danke von Herzen allen, die am Zustandekommen dieses Buches mitgewirkt haben. O. C. Ferrell war mir ein wertvoller Gesprächspartner. Gwyneth Vaughn hat das Manuskript sorgfältig und kenntnisreich lektoriert. Curt Neitzke sorgte für die kompetente, kreative Herstellung.

Cathy Boehlke, Ruth Mullenix und Linda Prante halfen mir beim Erfassen des Textes und den mehrfachen Überarbeitungen. Nicht zuletzt hat meine Frau Maureen mit ihrer schier unendlichen Geduld und Nachsicht dieses Buch möglich gemacht.

Kapitel I: Das Image des netten Managers

»Die netten Kumpel gehen als letzte durchs Ziel«, sagte der Baseball-Trainer Leo Durocher einmal. Und das gilt auch für das Management in heutigen Unternehmen. Besonders in Amerika leiden wir am »Nettigkeitssyndrom«: Liebenswürdige, joviale, allezeit ansprechbare Menschen führen Konzerne, leiten Ministerien, haben öffentliche Funktionen inne. Das Image des umgänglichen, kompromißbereiten Managers ist eindeutig ein Leitbild unserer Zeit.

Es ist schwerlich etwas dagegen einzuwenden: Nette Menschen sind angenehm, gepflegt und geruchlos. Sie geben sich alle erdenkliche Mühe, auf ihre Mitmenschen einzugehen. Sie sind immer gesprächsbereit, verschicken Unmengen von Weihnachtskarten und geben jedermann ständig Bestätigung. Sie ecken nicht an und werden gern zu Parties eingeladen. Das Urteil »Er ist ein netter Kerl« stellt einen Türöffner auf allen Ebenen dar. Nette Menschen sind einfach die besseren Menschen.

Aber wie jede Tugend kann auch diese im Extremfall in ihr Gegenteil umschlagen. Verbindlichkeit kann Konfliktscheu und Entscheidungsunfähigkeit maskieren. Und das ist nichts anderes als Führungsschwäche.

Der wunde Punkt des schwachen Chefs ist sein Sucht, gemocht zu werden — oder anders herum: seine Angst vor Ablehnung. Erwartungsgemäß führt diese Sucht bzw. Angst im Managementalltag zu verheerenden Konsequenzen.

Wenn Sie zum Beispiel einem Mitarbeiter ständiges Zuspätkommen durchgehen lassen — es sogar sichtlich ignorieren und nichts dagegen unternehmen, kommen mit Sicherheit enorme Probleme auf Sie zu: Nicht nur wird dieser eine immer noch unpünktlicher werden, auch die anderen Mitarbeiter werden sich ähnliche Freiheiten herausnehmen. Und noch schlimmer: Sie selbst werden nicht mehr für voll genommen. »Unser Boss ist eine Pflaume«, wird man hinter Ihrem Rücken sagen.

Das Tragische an diesem Suchtverhalten ist jedoch, daß es das Gegenteil dessen bewirkt, was angestrebt wird. Man belächelt und bemitleidet den armen Kerl im Chefsessel, seine Mitarbeiter und bald das ganze Unternehmen verachten ihn, und langfristig muß er mit dem Verlust seines Jobs rechnen. Je länger er die Zügel schleifen läßt, um so auswegloser wird die Lage.

Warum nette Menschen Manager werden

Ein Abriß der Management-Geschichte wäre a) langweilig und b) eine unwiderlegbare Bestätigung der These, daß wir die alten autoritären, unsozialen und ausbeuterischen Strukturen überwunden haben. Sparen wir uns also lange Ausführungen und stellen wir fest: Es ist so. Mit Zwangs- und Strafmaßnahmen erreichen wir heute nichts mehr, sie bringen nur unmotivierte, unlustige und unproduktive Mitarbeiter hervor.

Ein Beispiel unter Tausenden bietet die Geschichte der Beziehungen zwischen der Ford Motor Company und der Gewerkschaftsbewegung: Die arbeitnehmerfeindliche Firmenpolitik bewirkte letztendlich die Stärkung der Gewerkschaften. Eine humanere Arbeitswelt brachte bessere Arbeitsbedingungen, Mitbestimmung und soziale Absicherung für alle.

Heute steht es außer Frage, daß die meisten Unternehmen und Behörden von »netten« Menschen geleitet werden. Sie geben angenehme Partner ab, aber nicht unbedingt effiziente Führungspersonen.

Wie die Amerikaner eine Nation von netten Menschen wurden

Der »historische« Amerikaner war mit Sicherheit nicht sonderlich umgänglich. In den rauhen Pionierzeiten waren andere Qualitäten gefragt. Der Pionier traute keinem über den Weg, schreckte vor tätlichen Auseinandersetzungen nicht zurück, er war geradeheraus, rücksichtslos und besaß einen ausgeprägten Überlebensinstinkt.

Mit fortschreitender »Zivilisierung« und Verstädterung wurde Anpassung notwendig. Drohgebärden wurden überflüssig, das individuelle Verhalten wurde berechenbar.

Den Beginn der Industralisierung markierten noch die gar nicht so netten Kerle. Industriebarone wie die Rockefellers, Morgans und Carnegies waren eindeutig profitorientierte, instinktsichere Unternehmer.

Das Bild hat sich drastisch gewandelt. Die Bürokratie in den Betrieben nahm zu, staatliche Kontrolle setzte ein, menschliche Werte gewannen an Bedeutung.

Warum die Sahne nicht immer oben schwimmt

Starke, offenherzige, kreative, zupackende und unternehmerisch denkende Individuen gelangen heute selten in die Chefetagen — die netten, angepaßten Menschen dagegen immer öfter. Der Unternehmer alten Schlags ist unbequem für moderne Unternehmen. Er hält sich oft nicht an die

Regeln; er hat Ecken und Kanten, er ist von verletzender Direktheit; wenn ihm die Meinung eines anderen nicht gefällt, sagt er das unverblümt; und dann ist er meistens auch noch selbstherrlich.

Eine berühmte psychologische Studie über Kreativität in der Schule zeigte auf, daß besonders begabte Kinder es in stark reglementierten Schulen sehr schwer haben. Sie werden aus denselben Gründen abgelehnt wie der unternehmerisch denkende Mitarbeiter in traditionellen Firmen: sie fallen aus dem Rahmen. Hochbegabte Kinder ziehen sich erstaunlicherweise das Mißfallen ihrer Lehrer zu — und Vollblut-Manager bekommen den Haß von Bürokraten zu spüren.

Vor allem in großen Unternehmen steigen die netten Menschen auf, weil sie nirgends anecken. Sie befolgen die Regeln, gehorchen den Anweisungen und machen vor allem keinen Ärger. Sie haben weit ausgefahrene Antennen für alle möglichen Strömungen und sind nach allen Seiten offen. Sie vermeiden Konfrontationen und sind universell einsetzbar — sogar bei halb privaten Anlässen. Hier triumphiert das Peter-Prinzip: Jeder wird solange befördert, bis er die Ebene seiner Inkompetenz erreicht, und da bleibt er dann.

Ist jedoch das gesamte Unternehmen einmal mit netten Menschen gesättigt, ist das Ende in Sicht. Der Betrieb ist nicht mehr kreativ und wird anfällig für aggressive, innovative, oft kleine und junge Wettbewerber. In solchen Situationen können den netten Menschen ganze Konzerne von weniger netten Menschen abgenommen werden. Die Avantgarde-Unternehmer der später 80er Jahre kennen die Schwachstelle der »alten Garde« sehr wohl: die Panik, sobald Konflikte drohen.

Die Unternehmensübernahme-Haie sind fast so etwas wie Volkshelden des Wirtschaftslebens geworden — und das nicht, weil sie gute Taten begehen (es sind nach wie vor die netten Menschen, die die Arbeit machen), sondern weil sie verkrustete Strukturen überrennen.

Eine der weniger angenehmen Seiten des netten Menschen ist sein Nestbautrieb, sobald er es einmal bis zu einer gewissen Position geschafft hat. In großen Unternehmen bedeutet das einen Firmenwagen, möglichst mit Chauffeur, die Mitgliedschaft in exklusiven Clubs, ein geräumiges Büro mit abschreckendem Vorzimmer und dergleichen Privilegien mehr.

Die Schattenseiten der Liebenswürdigkeit

Da der nette Mensch gemocht werden will und Konflikte meidet, entwickelt er diverse Strategien, um sein Image zu stützen. Die meistverbreitete — und selten angesprochene — Ausweichstrategie ist die Lüge. Wir alle lügen mehr, als wir zugeben mögen.

Viele Lügen dienen dazu, andere zu beeindrucken (»Der Erfolg der Aktion ging letztlich auf meine Inititavie zurück«). Andere dagegen sollen Konflikte umgehen und uns als angenehme Menschen darstellen. Dazu gehören gängige Ausreden wie: »Tut mir herzlich leid, aber ich kann zu Ihrer Party nicht kommen, weil ich dann auf einer Geschäftsreise bin.« Der wahre Grund ist natürlich, daß wir nicht die geringste Lust auf diese Party haben. Ebenso natürlich nennen wir diesen wahren Grund nicht, denn sonst würden wir den Gastgeber verletzen und als Rüpel dastehen. Ergo geht das Ganze als harmlose Notlüge durch.

Zwar sind die meisten Notlügen gewiß harmlos und für das Funktionieren der zwischenmenschlichen Beziehungen notwendig, doch ist das Ausmaß der allgemeinen Unehrlichkeit beängstigend. Die Auswirkungen liegen auf der

Hand: Kaum ein Konsument glaubt mehr den Werbeaussagen, Bürger glauben den Politikern nicht mehr. Einer Untersuchung zufolge vertraut der Durchschnittsbürger einem Urteil seines Automechanikers mehr als der Aussage eines Politikers.

In meinen Seminaren habe ich hin und wieder das Problem des Lügens angesprochen. Die anschließenden Diskussionen sind jedesmal aufschlußreich, und sie folgen einem vorhersagbaren Muster:

1. Anfangs sind die Teilnehmer bestürzt über das Ausmaß der Lügenhaftigkeit im täglichen Leben und im Büro.
2. Dann folgt eine Phase der Entspannung. Es wird viel gelacht über die unterschiedlichen Lügenarten und -anlässe.
3. Schließlich ist man einhellig der Meinung, daß mehr Ehrlichkeit den Beziehungen wie dem beruflichen Erfolg nur gut tun könne.

Schlußendlich stellen die Seminarteilnehmer meistens fest, daß man Konflikte keineswegs durch Vermeiden aus der Welt schaffen kann. Einer der Teilnehmer, Marketingleiter bei einem Lebensmittelhersteller, berichtete:

> Ich habe die wöchentlichen Abteilungskonferenzen immer gehaßt. Oft entschuldigte ich mich mit anderen Terminen, Krankheit und dergleichen. Wahrscheinlich hat mein Boss das nie geglaubt. Trotzdem sagte ich ihm nie die Wahrheit: daß ich die Besprechungen für Zeitverschwendung hielt, daß eine Konferenz innerhalb von zwei oder drei Monaten vollauf genügen würde. Nachdem wir in Ihrem Seminar letzte Woche über diese Lügen gesprochen hatten, fragte mein Boss mich am Montag wieder, ob ich zu der Konferenz kommen würde.

Diesesmal antwortete ich: »Nein. Ich finde es sinnvoller, wenn wir uns nur einmal im Vierteljahr treffen.«

Zuerst dachte ich, mein Chef würde einen Wutanfall bekommen oder mich kurzerhand vor die Tür setzen. Doch dann sah er mich nachdenklich an und fragte, wie ich zu dieser Meinung käme. Da ich ohnehin nicht mehr zurück konnte, legte ich ihm meine Gründe dar.

Wir unterhielten uns eine Weile darüber, und schließlich sagte er: »Im Grunde bin ich derselben Meinung wie Sie. Ich habe die wöchentlichen Besprechungen nur beibehalten, weil wir es schon immer so gemacht haben.«

Er dankte mir für meine Offenheit und schrieb sofort eine Aktennotiz: Die Abteilungen würden nur noch einmal alle drei Monate konferieren, es sei denn, jemand äußerte akuten Bedarf. Jetzt sind alle erleichtert, und wir haben mehr Zeit für wirklich wichtige Dinge.

Abgesehen von dem positiven Ergebnis dieser Aktion ist noch etwas anderes daran bemerkenswert: Die psychologische Hemmschwelle der Angst wurde überwunden. Die am meisten gefürchtete Reaktion — die Kündigung — trat nicht ein. Statt dessen ergab sich ein konstruktiver Wandel, der zu mehr Harmonie und Produktivität führte.

Alles in allem läßt sich sagen, daß Ehrlichkeit meistens die beste Taktik ist, und daß die übelsten Lügen die sind, die wir uns selbst erzählen.

Musterdialog:
»Du bist nicht mehr unser Kumpel«

Martin Greiner ist seit fünf Jahren Vorarbeiter in einer Stahlfabrik und hat zwölf Männer unter sich. Bis zu seiner Beförderung hatte er mit seinen Mitarbeitern auf derselben Stufe gestanden. Martins Aufstieg war von Neid und Mißgunst begleitet. Doch mit Geduld und Einfühlungsvermögen konnten die Konflikte bereinigt werden.

Vor einigen Wochen war Tom Chaney ebenfalls zum Vorarbeiter befördert worden. Martin Greiner war nicht besonders überrascht, als Tom ihn eines Tages um ein Gespräch unter vier Augen bat. Sie trafen sich auf ein Bier in einer nahegelegenen Wirtschaft. Martin fragte Tom nach dem Anlaß für das Gespräch.

Tom: Martin, ich habe da ein Problem. Ich glaube, daß meine Männer mich nicht mehr mögen, seit ich ihr Vorgesetzter bin. Sie sind plötzlich irgendwie abweisend.

Martin: Aber darauf mußtest du doch gefaßt sein, Tom. Als ich selbst zum Vorarbeiter befördert wurde, ging es mir genauso. Keiner sprach mehr mit mir, oder ich bekam zu hören, daß ich jetzt wohl etwas Besseres wäre. Ich habe den Männern einfach ins Gesicht gelacht, bin freundlich und gelassen geblieben. Ich wußte, daß sie sich an die neue Lage gewöhnen würden.

Tom: Genauso ist es bei mir. Aber es ärgert mich. Mit Joe zum Beispiel habe ich immer herumgeflaxt — jetzt ignoriert er mich. Wir waren doch jahrelang Kumpel. Wir sind zusammen zum Fußball und in die Kneipe gegangen, wir waren Freunde.

Martin: Ich kann dich gut verstehen, Tom. Aber wenn du

freundlich und fest bleibst, werden sie dich als Boss akzeptieren.

Tom: Ja, das habe ich versucht. Ich habe mich gefreut, als Joe heute nachmittag kam und mich fragte, ob ich am Freitagabend mit den Jungs ein Bier trinken würde — wie in alten Zeiten. Und nun möchte ich von dir wissen, Martin — findest du das richtig? Ich wollte Joe nicht vor den Kopf stoßen und habe zugesagt. Aber war das okay?

Martin: Im Grunde finde ich es gut, wenn du mit deinen Leuten ein Bier trinken gehst. Aber eins mußt du dir dabei klar machen: Du bist nicht mehr ihr Kumpel, sondern ihr Boss. Und das heißt, daß einige Dinge anders liegen.

Tom: Was meinst du damit genau?

Martin: Wenn du der Boss bist, dann ist das eine Tatsache, Tom. Das heißt nicht, daß du zugeknöpft sein mußt und nicht mal über die Stränge schlagen darfst. Aber du bist kein Kumpel mehr. So habe ich es jedenfalls damals gehalten.

Tom: Was hast du gemacht?

Martin: Ich habe die Einladung natürlich angenommen. Wir gingen in unsere Stammkneipe, und ich trank meine zwei, drei Bier wie immer. Wir quatschten das übliche Zeug, aber dann bin ich aufgestanden und habe mich verabschiedet. »Ich fand's nett, Leute, aber jetzt muß ich gehen. Ich wünsche euch ein schönes Wochenende, wir sehen uns dann Montag.« Ich schlug den Jungs auf die Schulter und ging. Weißt du, warum ich als erster nach Haus ging?

Tom: Ich kann es mir denken. Weil du letztlich der Boss bist, nicht?

Martin: Genau. Wenn ich mich da vollaufen lasse, mit glasigen Augen dasitze oder sogar irgendwann unter dem Tisch liege — was soll ich ihnen dann am Montagmorgen sagen, wenn sie mit einem dicken Kopf angestolpert kommen? Als Boss mußt du auch Vorbild sein, aber du kannst trotzdem okay bleiben. Ein paar Dinge haben sich nur geändert.

Tom: Ja, ich verstehe, was du meinst. Danke für den Rat, Martin.

Und genauso verfuhr Tom Chaney. Er ging mit seinen alten Kameraden in Joe's Bar auf ein Bier. Nach zwei Glas stand er auf, wünschte den anderen ein schönes Wochenende und ging. Und keiner nahm ihm das übel.

Fallbeispiel: Die Folgen allzu lässiger Führung

Dr. Hubert Hupfer war in den 70er Jahren Soziologieprofessor an einer Universität im Mittelwesten der USA. Er war ein gutaussehender Mann mit grauen Schläfen und weltmännischem Auftreten. Doch sein seriöses Äußeres stand im Gegensatz zu seinen privaten Kontakten zu Studenten — vor allem den weiblichen. Dr. Hupfer war nichts anderes als ein berüchtigter Schürzenjäger.

Vorzugsweise in den Abendstunden hielt er ein Seminar über sexuell abweichendes Verhalten. Er bestritt die Veranstaltung im Adamskostüm und präsentierte sich den verblüfften Studenten in unerschrockener Nacktheit. Den Studentinnen teilte er ganz offen mit: »Wenn Sie eine gute Note in diesem Seminar haben wollen, sollten Sie mit mir ins Bett gehen.« Am skandalösesten war jedoch, daß er sich offensichtlich mit Studentinnen in seinem Amtszimmer vergnügte. Obwohl er immerhin dabei die Tür abschloß, waren die draußen hörbaren Geräusche eindeutig.

Natürlich war das Kollegium entsetzt. Freunde und Ehemänner von Studentinnen schrieben empörte Briefe an den Dekan Dr. Walter Weiner, Professorenkollegen deckten ihn mit Anfragen und aufgebrachten Anrufen ein. Dr. Weiner, ein Philosoph, war mit seiner Weisheit am Ende. Weder seine akademische Ausbildung noch seine bisherigen Erfahrungen in der Verwaltung der Universität hatten ihn auf derartige Situationen vorbereitet.

Nachdem Dr. Weiner gründlich in sich gegangen war und sich ausführlich mit Kollegen beraten hatte, kam er zu folgendem Schluß: Er bot Dr. Hupfer an, ihm eine positive Beurteilung mit auf den Weg zu geben, falls dieser die Universität zum Ende des Semesters verließe.

Hupfer nahm das Angebot dankend an und kam an einer anderen Universität unter. Dort hielt er sich etwas besser im Zaum — er verübte zum Beispiel keinen Geschlechtsverkehr mit Studentinnen im Amtszimmer —, aber er machte sich weiter an die Mädchen heran.

Nachdem Hupfer schließlich auch hier wegen sexueller Belästigung von Studentinnen aus dem Amt entfernt wurde, hörte man einige Jahre lang nichts mehr von ihm. Irgendwann wurde er verhaftet, weil er ein kleines Mädchen sexuell belästigt hatte.

Kapitel 2: Gründe und Folgen des Vermeidungsverhaltens

Der schädlichste Irrglaube des schwachen Managers besteht darin, daß die Probleme sich schon von selbst lösen werden, wenn man nur geduldig und verständnisvoll bleibt. In diesem Irrtum liegt allerdings ein Körnchen Wahrheit. Mitarbeiter zeigen dasselbe Vermeidungsverhalten wie ihre Chefs, denn auch sie wollen gemocht werden.

Im allgemeinen leisten Mitarbeiter mehr, wenn sie sich ernstgenommen und wichtig fühlen. Wenn jedoch der Vorgesetzte Problemen aus dem Weg geht und Kontakte mit schwierigen Mitarbeitern eher meidet, kommuniziert er das Gegenteil.

Nehmen wir den notorischen Zuspätkommer. Wenn er feststellt, daß sein Chef immer wieder so tut, als würde er nichts merken, kommen bei ihm verschiedene Botschaften an.

Die erste besteht darin, daß Pünktlichkeit dem Chef — und dem Unternehmen — im Grunde egal ist. »Hier kümmert es keinen, ob ich da bin, oder nicht. Da sitzt er hinter seinem Schreibtisch und liest Zeitung. Es interessiert ihn gar nicht, daß mein Auto heute früh wieder nicht ansprang, und daß ich kein Geld habe, es reparieren zu lassen. Er will nicht mal wissen, warum ich zu spät komme. Warum soll ich mir dann überhaupt Mühe geben, pünktlich zu sein?«

Anteilnahme und Vertrauen sind die psychologischen Grundpfeiler jeder menschlichen Gemeinschaft. Folglich ist ein Mitarbeiter, der ständig ignoriert wird, frustriert und verletzt. Die übliche Reaktion am Arbeitsplatz ist Leistungsverweigerung. Ein aufmerksamer, in Führungstechniken geschulter Vorgesetzter wird bei den ersten Anzeichen von Passivität, Beleidigtsein oder gar Aufsässigkeit eines ansonsten ausgeglichenen Mitarbeiters eingreifen. Zunächst wird er sich die Zeit nehmen, bei zufälligen Begegnungen ein paar freundliche Worte zu wechseln. Obgleich es im Management in Wirklichkeit keine 1-Minute-Wunder gibt, können ein paar Minuten Zuwendung überraschende Wirkung zeigen.

Die zweite Botschaft eines nachlässigen Managements besteht für den Mitarbeiter darin, daß es in diesem Unternehmen keine klaren Bewertungsrichtlinien für Leistung gibt: alles wird geduldet. Zuspätkommen, Schlamperei, Intrigen am Arbeitsplatz — es wird hingenommen. Solche Signale weisen dem Unternehmen oft den Weg zum Ruin.

Eine dritte Botschaft kann sich als die schlimmste von allen erweisen. Sie lautet: »Mein Chef ist eine Flasche und wird nie etwas bewerkstelligen.« Die Konsequenz ist ein totaler Vertrauensverlust gegenüber dem Management — und zwar bei allen Mitarbeitern.

Schwache Führung bewirkt allgemeine Disziplinlosigkeit und Chaos. Letzten Endes wird ein solcher Boss sich selbst verachten. Vielleicht endet das Ganze in einer Überreaktion, bei der er die Mitarbeiter anschreit oder fristlose Kündigungen ausspricht — was natürlich zu noch größeren Schwierigkeiten führt.

Warum also nicht von Anfang an konsequent durchgreifen? Betrachten wir die Herkunft des Vermeidungsverhaltens.

Die Wurzeln des Vermeidungsverhaltens

Vermeidungsverhalten hat seine Ursache in Angst — wie übrigens fast jedes Versagen. Meist gehen diese Ängste auf Erfahrungen in der Kindheit zurück, als wir uns gegen Aggressionen und Unterdrückung noch nicht wehren konnten. Diese Kindheitsängste schleppen wir ein Leben lang mit uns herum und tun alles, um sie abzublocken. Doch davon geht die Angst nicht weg, wir werden im Gegenteil ständig wieder mit ihr konfrontiert.

Wir wollen uns hier nicht mit abstrakten psychologischen Analysen der Angst befassen, sondern mit den speziellen Ängsten, die das Verhalten im Beruf beeinflussen.

Wie die meisten unserer Mitmenschen wurden wir zu Höflichkeit, Hilfsbereitschaft, Freundlichkeit erzogen. Und daher rühren zwei Grundängste. Erstens: nicht gemocht, abgelehnt zu werden. Zweitens: etwas Unrichtiges oder gar Häßliches zu tun — ein schlechter Mensch zu sein. Letzteres geht mit diffusen Schuldgefühlen einher. Doch Manager, die sich dauernd für etwas schuldig fühlen und dazu Angst vor Ablehnung haben, laufen ständig mit einem schlechtem Gewissen herum und werden von ihrer Umwelt in den seltensten Fällen geliebt — sie erleben also genau das, was sie befürchten.

Charakterlich reife, angstfreie Menschen erfahren durchaus auch Ablehnung, und sie machen Fehler. Das ist zwar nicht gerade angenehm, aber davon geht die Welt nicht unter. Wenn wir einen schweren Verlust hinnehmen müssen, dann ist das hart. Dennoch wissen wir, daß das Leben weitergeht, daß wir den Schmerz überwinden werden. Und vor allem lassen wir uns nicht entmutigen, neue Risiken einzugehen.

Wenn wir uns jedoch von neurotischen Ängsten beherrschen lassen, sind wir wie gelähmt. Das Erwachsenen-Ich sieht, daß es die Probleme aktiv angehen muß, doch das ängstliche Kindheits-Ich verharrt in passivem Dulden bzw. Ausweichen.

»Das Problem wird sich irgendwann von selbst lösen«, ist eine der klassischen Beschwichtigungsformeln der Ängstlichen. Natürlich wird es meistens nur schlimmer.

»Ich darf mich nicht in die Angelegenheiten anderer einmischen«, lautet eine weitere Ausrede des Feiglings. Doch wenn Mitarbeiter ihre Aufgaben nicht erfüllen, darf — und muß! — jeder Vorgesetzte einschreiten.

»Ich bin kein Psychiater, und dieser Mann, diese Frau hat ernste psychische / soziale / Verhaltensprobleme. Wenn ich da etwas falsch mache, kann das ungeahnte Konsequenzen haben.« Noch so eine Schutzbehauptung. Natürlich muß der Chef kein Seelendoktor sein, aber Untätigkeit kann katastrophale Konsequenzen nach sich ziehen. Wenn sich ernste Störungen oder Suchtverhalten abzeichnen, müssen Sie die ersten Anzeichen erkennen und ihnen gegensteuern.

Wenn das Problem unausweichlich wird, greift man oft zu einem bewährten Managementinstrument: Delegation. Mit anderen Worten: das Problem wird einfach weitergereicht. Gern wird in solchen Fällen der Betreffende von seinem Arbeitsplatz »weggelobt« und in die Wüste geschickt. Der Mitarbeiter bekommt eine vorteilhafte Beurteilung, Danksagungen aller Art, und verschwindet an einen unbedeutenden Platz bzw. wird entlassen.

Dieses Verfahren ist nicht nur schlimm für den Mitarbeiter, sondern auch unbefriedigend für den Vorgesetzten. Er hat eine Leiche mehr im Keller. Die Ausrede: »Der Wechsel wird ihm/ihr gut tun« ist wirklich nichts als eine Ausrede. Der Mitarbeiter nimmt seine Probleme mit an den neuen Arbeitsplatz.

»Das tut man nicht«

Schuldgefühle und das Werben um Sympathie bringen so manche merkwürdigen Verhaltensweisen hervor — und verhindern so manche »normale«, gesunde Reaktion. Die Leitlinie für nette Menschen heißt: stets liebenswürdig und bescheiden sein. Man setzt seine Interessen und Bedürfnisse nicht einfach frech durch — lieber läßt man sich überfahren und übers Ohr hauen.

Hier ein paar gängige Klischees aus der Schublade »Das tut man nicht«:

1. Man nimmt nicht das letzte Stück vom Kuchen, Braten etc. Wenn Sie bei netten Leuten eingeladen sind, können Sie sicher sein, daß Sie ständig zum Essen und Trinken genötigt werden und immer das beste bzw. letzte Stück bekommen.
2. Man gibt nicht mit seinen Erfolgen an. Das ist besonders nachteilig bei Bewerbungsgesprächen, denn nette Menschen loben sich nicht selbst.
3. Man lacht nicht über »fiese« Witze. Solche Witze dienen der emotionalen Entlastung, sie kanalisieren Aggressionen auf verhältnismäßig harmlose Weise — obwohl es natürlich auch wirklich geschmacklose Scherze gibt. Jedenfalls macht man sich nicht über andere lustig.
4. Man erregt möglichst kein Aufsehen. Man beklagt sich nicht über Mißstände, man krittelt im Restaurant nicht am Essen oder am Service herum, man gibt großzügige Trinkgelder, selbst wenn sie unverdient sind. Man wehrt sich nicht gegen Übergriffe. Bei Besprechungen etwa gebietet man Schwätzern nicht Einhalt usw.
5. Man macht anderen Komplimente über ihr Aussehen, ihre Kleidung, ihre Frisur — egal, wie unmöglich oder bedauernswert das Gegenüber aussieht.

Vermeidungsverhalten international

Die westlichen Gesellschaften besitzen kein Monopol in puncto Vermeidungsverhalten. Speziell die Japaner — ansonsten brillante Manager — gehen Problemen mit schwierigen Mitarbeitern beharrlich aus dem Weg. Allerdings haben sie besondere Formen der Problemlösung entwickelt.

Da die Stabilität von Arbeitsgruppen in der japanischen Kultur einen tief verwurzelten Wert darstellt, kümmert sich die Gruppe um problematische Kollegen. Zunächst wird die mangelnde Leistung einzelner von der Gruppe kompensiert, so daß das Gesamtergebnis nicht leidet.

Und hier endet auch bereits die Macht der Gruppe. Kritik, Strafaktionen oder gar Entlassung würden einen Gesichtsverlust des betreffenden Mitarbeiters bedeuten, also sind dem Management die Hände gebunden. Der »Problemfall« wird auf unabsehbare Zeit mitgezogen. Obwohl man die Belastungsfähigkeit und Geduld der Japaner in dieser Hinsicht bewundern muß, ist es im Endergebnis möglicherweise nichts anderes als ein Augenverschließen vor konkreten Problemen.

Musterdialog: »Lisa«

Lisa Fowler hat eine Karrierepause eingelegt, um ihr Wirtschaftsstudium zu beenden. In der Schule war sie recht gut gewesen, doch wegen der Heirat hatte sie die Ausbildung nicht abgeschlossen.

In einem Psychologie-Seminar kommt die Rede auf Schuldgefühle, die das Vorwärtskommen im Beruf behindern. Lisa findet das Thema sehr interessant und beginnt, von sich zu erzählen.

Lisa: Bei mir war es genauso. Ich hatte mein Studium wegen der Ehe aufgegeben, aber die Ehe ging nicht gut. Eigentlich hätte ich meinen Mann schon viel früher verlassen sollen, aber ich hatte Gewissenbisse: Das wäre doch egoistisch gewesen!

Professor: Möchten Sie darüber sprechen, inwiefern die Beziehung zu Ihrem Mann nicht gut war?

Lisa: Ja. Wir waren zwei Jahre verheiratet, und wir mochten uns. Aber in den ganzen zwei Jahren arbeitete mein Mann insgesamt nur vier Monate lang — und das in sechs verschiedenen Jobs. Er hielt es nirgends lange aus. Dabei war er intelligent und hatte das Zeug zum Erfolg.

Professor: Er wechselte also häufig den Arbeitsplatz?

Lisa: Er begann alles mögliche — Portier in einem Hotel, Kellner in einem Restaurant, Parkwächter bei der Stadt. Dann fing er in der Firma an, wo ich arbeitete. Anfangs war er ganz begeistert. Er meinte, das würde unsere Beziehung festigen. Doch auch da hörte er nach vier Wochen auf. Zwischen den Jobs blieb er monatelang zu Haus. Schließlich hatte ich es satt und begann, ihm Vorwürfe zu machen. Er tat auch im Haushalt nichts, und das brachte für mich das Faß zum Überlaufen.

Professor: Was taten Sie?

Lisa: Er hatte gerade den Job in meiner Firma aufgegeben und saß den ganzen Tag vor dem Fernseher herum. Eines Abends kam ich ziemlich erschöpft von der Arbeit. Anschließend hatte ich noch einen Fortbildungskurs. Als ich das Chaos zu Hause sah, bin ich ausgerastet. Ich schrie ihn an, er solle ausziehen. Er zog auch tatsächlich zu seiner Mutter. Und dann bekam ich diese

Schuldgefühle. Er rief ständig an, beteuerte seine Liebe und bat mich um Verzeihung. Er fragte, ob er zurückkommen dürfte, wenn er einen Job hätte. Und ich sagte idiotischerwesie ja.

Professor: »Idiotischerweise«?

Lisa: Natürlich. Er fing bei einer Telefongesellschaft an und zog wieder bei mir ein. Zwei Wochen lang ging es gut, und dann kam das alte Lied: Ich arbeitete tagsüber und ging abends in meine Kurse, und er saß vor dem Fernseher.

Professor: Das muß wirklich eine große Belastung für Sie gewesen sein.

Lisa: Allerdings, aber nicht lange. Ich fühle mich zwar noch heute elend deswegen, aber ich setzte ihn ein für allemal vor die Tür. Und ich bin nicht wieder schwach geworden. In den ersten Wochen war es schlimm, weil er täglich anrief. Aber ich zog die Scheidung durch, und schließlich gab er die Anrufe auf. Jetzt habe ich seit acht Monaten nichts von ihm gehört. Trotzdem frage ich mich oft, ob ich richtig gehandelt habe. Was meinen Sie?

Professor: Ich denke, Sie haben sich richtig verhalten. Glauben Sie denn, Sie haben Ihrem Mann durch die Scheidung sehr geschadet?

Lisa: Eigentlich nicht. Er ist ein erwachsener Mensch, er ist fähig, sich selbst zu ernähren. Trotzdem fühle ich mich ihm gegenüber schuldig. Wir haben in diesem Seminar viel über neurotische Schuldgefühle gesprochen, aber ich komme nicht dagegen an …

Professor: Vielleicht braucht so etwas Zeit. Sie sollten einfach abwarten.

Lisa: Ja, vielleicht.

Zwei Wochen später kam Lisa nach dem Seminar zum Professor und sagte:

Lisa: Ich habe einen Freund meines Mannes angerufen und ihn gefragt, wie es meinem Ex-Mann geht — nicht, weil ich wieder mit ihm zusammenleben will, sondern nur so aus Interesse. Wissen Sie, was der Freund mir erzählt hat?

Professor: Na, was?

Lisa: Mein Mann arbeitet seit neun Monaten im selben Job. Und dann sagte der Freund noch, daß die Scheidung eine wirklich heilsame Erfahrung für meinen Mann war, denn jetzt wird er endlich erwachsen und macht etwas aus seinem Leben.

Professor: Das freut mich zu hören. Und was ist mit Ihren Schuldgefühlen?

Lisa: Die sind weg. Natürlich bin ich manchmal traurig, daß die Ehe schiefging. Aber darüber werde ich schon wegkommen.

Fallbeispiel: »Norbert Nieda«

Norbert Nieda war ein schlanker, sensibler Mann. Er arbeitete zwanzig Jahre lang in einem Schulbuchverlag, bis er Cheflektor bei West Coast Collegiate Publishers wurde, einem der größten Verlage in dem Sektor. Nieda war ein sorgfältiger, fast übergenauer Lektor, der bei der Manuskriptbearbeitung auf kleinste Details achtete.

Bei West Coast bezog Norbert Nieda ein Büro im fünften Stock. Während der ersten zwei Monate kam er täglich pünktlich um 8 Uhr morgens ins Büro. Doch er beklagte sich von Anfang an über die Atmosphäre im Großraumbüro. West Coast besaß ein flexibles Konzept der Aufgabenteilung, was sich äußerlich in der flexiblen Raumaufteilung niederschlug: Je nach Projekt bildete man Arbeitsgruppen, die durch Stellwände voneinander abgeschirmt waren. Abgeschirmt — nicht abgetrennt, denn die Stellwände reichten nicht ganz bis zur Decke hinauf.

Nieda klagte über die allgegenwärtigen Hintergrundgeräusche. »Ich kann mich dabei nicht konzentrieren«, sagte er. Je mehr seine Aufgaben zunahmen, um so häufiger klagte er. Nachdem ihm die Unternehmensleitung erklärt hatte, daß man das Großraumkonzept nicht aufgeben wollte, begann Norbert Nieda, oft die Bibliothek oder gar den Park aufzusuchen. Nur dort könne er klar denken, sagte er seinen Kollegen.

Zunächst verließ er ein- bis zweimal pro Woche seinen Schreibtisch für einige Stunden. Anschließend kehrte er an seinen Platz zurück, um seinen Arbeitstag zu beenden. Allmählich nahmen die Abwesenheiten zu, und nach 18 Monaten verteilte er seine Anwesenheit gleichmäßig auf Bibliothek, Park und Büro. Nach zwei Jahren teilte er seinen Kollegen mit, daß er den Lärm im Großraum überhaupt nicht mehr aushielte. Er würde abends und am Wochenende kommen, um seine Post durchzusehen und sich die internen Informationen zu holen. Ansonsten würde er zu Hause arbeiten, wobei er das Telefon aushängte. Er war also tagsüber praktisch nicht mehr zu erreichen.

Niemand im Unternehmen hatte Nieda je Einhalt geboten. Zwar machte der Geschäftsführer hin und wieder eine mißbilligende Bemerkung, doch das focht Norbert Nieda wenig an — er war ja ohnehin selten im Haus. Nach drei Jahren schließlich platzte dem Geschäftsführer der Kragen. Er fuhr unangemeldet zu Nieda nach Haus und fand seinen Mitarbeiter vor dem Fernseher auf dem Sofa liegend. Spontan sprach der Chef die fristlose Kündigung aus.

Norbert Nieda entgegnete aufgebracht, daß ihm nie jemand gesagt hätte, mit seinem Verhalten sei etwas nicht in Ordnung. Außerdem kümmere sich die Firma nicht um die Bedürfnisse ihrer Mitarbeiter, denn sein Problem mit dem Lärm im Großraum sei nie zur Kenntnis genommen worden.

Kapitel 3: Klare Führung – Effizientes Personalmanagement

Der Umgang mit der eigenen Autorität ist ausschlaggebend für den Führungserfolg. Der ängstliche, unentschlossene Manager schreckt oft vom Gebrauch seiner Weisungsbefugnis zurück und bekommt dann die negativen Konsequenzen seines Vermeidungsverhaltens zu spüren. Das andere Extrem ist der herrische, undemokratische Manager, den es leider immer noch häufig gibt.

Wissenschaftliche Untersuchungen haben gezeigt, daß der autoritäre, »harte« Chef kurzfristig Erfolge erzielt. Bei richtiger Karriereplanung — das heißt hier: häufiger Arbeitsplatzwechsel — kann dieser Führungstyp erstaunlich schnell nach oben kommen. Solche Männer werden gern von außerhalb geholt, damit sie die unangenehme Aufgabe des »Aufräumens« übernehmen. Normalerweise stellt man sie an die Spitze einer Problem-Abteilung — meist als Nachfolger eines »netten« Managers —, und dann rollen Köpfe. Nach den ersten spektakulären Entlassungen geht eine Welle des Erschreckens durch den ganzen Betrieb, und die Leistungen steigen drastisch.

Doch langfristig sinkt die Produktivität, wenn dieses »Management by Terror« beibehalten wird. Und falls der »harte Bursche« den Fehler macht, zulange auf seinem Posten zu verharren, findet er sich nicht selten selbst auf dem Arbeitsamt wieder.

Über längere Zeiträume hin verblaßt die Motivationskraft des Schreckens. Das beste Beispiel liefert der autoritäre

Erziehungsstil in der Familie. Wenn ein Kind ständig Drohungen zu hören bekommt: »Laß das, sonst setzt es Hiebe!«, schaltet es irgendwann auf stur.

Ein weiterer Grund für das langfristige Versagen allzu harter Führung ist die bekannte »Abstimmung mit den Füßen«. Gute Mitarbeiter werden zusehen, daß sie so schnell wie möglich woanders unterkommen. Der »harte Bursche« hat zwar zunächst sehr effizient Personalbereinigungen durchgezogen, er hat die schwachen Mitarbeiter ausgesiebt. Doch in der Folge werden auch die guten Kräfte gehen, und die sind schwer zu ersetzen.

Und drittens: Selbst Mitarbeiter, die nicht gehen können oder wollen, arbeiten unter einer verhaßten Führung weder engagiert, noch kreativ.

Bleibt die Frage: Warum gibt es dann immer noch so viele autoritäre Vorgesetzte? Die Antwort liegt in der Faszination schneller Erfolge. In unseren Unternehmen wird zu kurzfristig gedacht und gehandelt. Das positive Jahresergebnis ist wichtiger als vorausschauende Überlegungen.

Hier können wir wiederum von den Japanern lernen. Sie üben sich in Geduld und entwerfen Unternehmensstrategien, die weit in die Zukunft reichen. Natürlich arbeiten sie auch im kurzatmigen Rhythmus der Viertel- und Halbjahrespläne. Und sicher kennen gerade die Japaner das Vermeidungsverhalten des »netten Kerls«. Doch die Betonung des Langfristerfolgs nimmt dem Manager viel vom täglichen Druck. Kein Wunder, daß japanische Führungskräfte gesünder und belastbarer sind, daß sie im Durchschnitt länger leben als ihre westlichen Kollegen.

Eine wichtige, wenngleich zahlenmäßig geringe Rolle mögen die von der Psychologie so genannten »autoritären Persönlichkeiten« in unserem Wirtschaftsleben spielen. Es handelt sich dabei um eine tiefgreifende Entwicklungsstörung, die im Erwachsenenleben durch eklatanten Machtmißbrauch auffällt.

Autoritäre Persönlichkeiten werden durch Unterdrückung in der Kindheit geformt. Ein Prototyp ist der »Schlägertyp« im Kindergarten oder in der Schule. Er legt sich meist mit kleineren, schwächeren Kindern an und ist der Schrecken der ganzen Nachbarschaft. Diese Jungen kommen meist aus Familien mit einem strengen, autoritären Vater.

Die Alternative zu »harten Burschen« und »netten Kerlen«

Es gibt Mittelwege zwischen dem »harten Burschen« und dem »netten Kerl«. Es ist der durchsetzungsfähige, an Problemlösungen orientierte Manager.

Fassen wir zunächst die Kennzeichen des klaren, effizienten, durchsetzungsfähigen Führungsstils zusammen:

- Probleme werden sofort angegangen und nicht auf die lange Bank geschoben.
- Schnelle Erfolge, und zwar auf jeder Unternehmensebene.
- Einfache, klare Techniken, die sich jedermann leicht antrainieren kann.
- Unmittelbare Steigerung des Selbstwertgefühls.

Untersuchungen zeigen, daß junge Manager oft Angst davor haben, ihren Mitarbeitern gegenüber strenge Maßnahmen zu ergreifen. Diese Fertigkeiten werden nur selten an der Universität gelehrt. Das Training erfolgt meist erst im Job oder in speziellen Managementseminaren.

Dies sind die fünf Schritte zu effizienter Mitarbeiterführung:

1. Fassen Sie den festen Entschluß, aktiv zu werden und legen Sie einen geeigneten Gesprächstermin mit dem »Problemkandidaten« fest.
2. Stellen Sie das Problem in sachlichen, objektiven, präzisen, nicht herabsetzenden Worten dar.
3. Geben Sie dem Mitarbeiter eine ehrliche Chance zu Richtigstellung und Verteidigung und versuchen Sie, dadurch selbst mehr über die Hintergründe des Problems in Erfahrung zu bringen.
4. Lassen Sie sich von Ihrem Mitarbeiter eine konkrete, überprüfbare Zusage geben, inwiefern er sein Verhalten ändern bzw. das Problem lösen will.
5. Behalten Sie Problemfelder im Auge und kontrollieren Sie die beabsichtigten Veränderungen.

Wenn Sie dieses Fünf-Punkte-Programm strikt befolgen, vermeiden Sie die heftigen emotionalen Auseinandersetzungen, die fast jeder Manager fürchtet. Die meisten Probleme können ohne drastische Disziplinärmaßnahmen gelöst werden. In den folgenden Kapiteln lernen Sie, wie Sie das bewerkstelligen.

Musterdialog: »Der müde Martin«

Das folgende Gespräch illustriert, wie der allzu strenge Führungsstil konstruktive Ergebnisse blockiert, während bei einem konsequenten Stil der Gerügte seine Selbstachtung behält.

Als Professor John Briar morgens um 9 Uhr mit gewohnter Energie den Raum betrat, in dem seine Marketing-Vorlesung stattfand, bot sich ihm ein ungewöhnliches Bild. In der vordersten Reihe lag der Student und Star des College-Fußballteams Martin Anderson mit dem Oberkörper auf dem Tisch und schlief. Die anderen Studenten verhielten sich leise, um den Schläfer nicht zu wecken.

Briar, ein Reserveoffizier der Armee, der viel von militärischer Disziplin hielt, fand das gar nicht lustig. »Anderson!« donnerte er. »Raffen Sie Ihr schlaffes Gestell zusammen und verlassen Sie augenblicklich den Raum. Sie dürfen erst wieder an meiner Vorlesung teilnehmen, nachdem Sie sich persönlich bei mir entschuldigt haben. Und jetzt — raus!«

Anderson schrak hoch, rieb sich die Augen und stolperte hinaus. Die anderen Studenten starrten in ihre Bücher und taten, als wäre nichts geschehen. Briar begann seinen Vortrag.

Am nächsten Tag erhielt Professor Briar eine Notiz vom Sportarzt des Colleges. »Bitte beurlauben Sie Martin Anderson auf unbestimmte Zeit wegen Krankheit.« Briar nahm sich vor, Anderson zur Rede zu stellen, sobald der junge Mann wieder zum Studium auftauchte.

Drei Wochen später kam Martin Anderson in Briars Sprechstunde. Folgender Dialog entspann sich:

Briar: Na, junger Mann, sind Sie wieder auf den Beinen? Dr. Walker teilte mir mit, daß Sie krank waren — hoffentlich nichts Ernstes.

Anderson: Danke, Herr Professor, es geht mir wieder gut. Ich hatte x, ohne daß ich es wußte. Ich hatte mich schon seit zwei Wochen müde und abgeschlagen gefühlt, bevor das in Ihrer Vorlesung passierte. An dem Morgen war ich wirklich fertig, Sir. Ich möchte mich dafür entschuldigen, daß ich eingeschlafen bin. Normalerweise freue ich mich nämlich auf Ihren Unterricht, ehrlich …

Briar: Danke, Anderson. Sie brauchen sich nicht zu entschuldigen, denn jetzt weiß ich ja Bescheid. Ich glaube, ich müßte mich statt dessen bei Ihnen entschuldigen, weil ich Sie so angefahren habe. Ich dachte, Sie hätten einen Kater vom Wochenende.

Anderson: Wir feiern natürlich manchmal Parties am Wochenende, aber in diesem Fall war das nicht der Grund für meinen Zustand.

Briar: Das glaube ich Ihnen. Ich rechne es Ihnen positiv an, daß Sie persönlich zu mir gekommen sind. Aber nun wollen wir überlegen, wie Sie das Versäumte aufholen können, okay?

Anderson: Gern. Vielen Dank, daß mir diese Chance geben.

Zwei Monate später konnte Martin Anderson sich über eine gute Zensur im Fach Marketing freuen.

Klare Führung löst Probleme: Vorbeugende Maßnahmen

»Vorbeugen ist besser als Heilen«, sagt ein bekanntes Sprichwort. Das gilt analog auch für Personalführung im Unternehmen: Klare und verständliche Anweisungen beugen problematischen Entwicklungen in zwischenmenschlichen Bereichen vor.

In betont »männlichen« Branchen wie Bauwirtschaft oder Transportwesen, wo traditionell viel Alkohol getrunken wird, können eindeutige Verbote tatsächlich den Bierkonsum beträchtlich reduzieren. Die Vorteile liegen auf der

Hand: weniger Ausfälle wegen Krankheit, weniger Unfälle, weniger Reibereien am Arbeitsplatz.

Wirksame Vorbeugungsmaßnahmen erfordern zweierlei:

1. Eindeutige Anweisungen bereits beim Einstellungsgespräch.
2. Gut sichtbare Plazierung der Anweisungen in Büros und an Schwarzen Brettern.

Punkt 1 erfordert, daß jedem neuen Mitarbeiter ausführlich, unmißverständlich — und persönlich! — klar gemacht wird, was die Firma von ihm erwartet. Manche Unternehmer lassen den Mitarbeiter sogar unterschreiben, daß er die Vorschriften gelesen und verstanden hat, daß er die Strafmaßnahmen kennt und akzeptiert.

Der zweite Punkt bedarf keiner weiteren Erläuterung. Auf Baustellen bringen manche Unternehmen auffallende Schilder an Bauzäunen, Pfosten, in Pausen- und Waschräumen an: »Achtung! Alkohol am Arbeitsplatz ist ein Anlaß zu fristloser Kündigung!«

Ein Tip: Erkundigen Sie sich bei einem auf Arbeitsrecht spezialisierten Juristen, was Sie von Ihren Mitarbeitern fordern dürfen. Gerade unerfahrene Manager schießen in ihrem Eifer manchmal über die Grenzen des Gesetzes hinaus.

In jedem Fall ist es ratsam, Ihren Mitarbeitern die Gründe für Verbote und Vorschriften zu erläutern, damit das Ganze nicht als Schikane aufgenommen wird. Behandeln Sie auch hier Ihr Gegenüber fair und höflich — und als erwachsenen Menschen.

Kapitel 4: Werden Sie aktiv – Der Gesprächstermin

Eines Tages kommt Ihre Mitarbeiterin Mary Ellen Reilly und beschwert sich über ihren Kollegen Ludwig Liebmann. Sie war angeblich gerade in der Teeküche, als Liebmann hereinkam und sie in den Po kniff. Mary war extrem aufgebracht. Ihren Worten zufolge hat sie den Kollegen nie zu solchen Dingen ermutigt, und sie verlangt Genugtuung.

Jetzt sitzen Sie an Ihrem Schreibtisch und wissen nicht mehr ein noch aus. Das, was Mary Ellen Reilly Ihnen soeben mitgeteilt hat, ist der Alptraum jedes Managers. Mary war so empört, daß sie sogar mit Klage wegen sexueller Belästigung am Arbeitsplatz drohte. Sie sind ziemlich sicher, daß der junge Buchhalter Ludwig Liebmann sich der Übergriffe tatsächlich schuldig gemacht hat. Klatsch und Andeutungen bezüglich Liebmanns amourösen Aktivitäten sind Ihnen bereits zu Ohren gekommen, und Sie sagen sich, wo Rauch ist, ist auch Feuer.

Sie müssen etwas unternehmen. Doch die Sache ist heikel und peinlich. Wenn Sie Liebmann auf Mary Ellens Beschwerde hin ansprechen, verletzen Sie möglichweise die Intimsphäre Ihrer Mitarbeiterin. Bei Liebmann selbst könnte ein psychischer Komplex vorliegen, der in das Fach des Arztes fiele. Durch ungeschicktes Verhalten im Gespräch könnten Sie das Problem noch verschlimmern. Und was ist, wenn Liebmann alles schlichtweg abstreitet und Sie seinerseits wegen übler Nachrede angreift?

Am liebsten möchten Sie noch einmal mit Mary reden und sie bitten, sich von Liebmann fernzuhalten. Vielleicht verläuft dann das Ganze im Sande. In ein paar Wochen, wenn sich die Gemüter beruhigt haben, ergibt sich möglicherweise eine günstigere Gelegenheit zu einem Gespräch mit Ludwig Liebmann.

Doch je mehr Sie darüber nachdenken, um so klarer wird Ihnen, daß dies keine Lösung ist. Auf diese Weise werden Sie die Sorge nicht los, und Sie können Mary in Zukunft nicht mehr gerade in die Augen schauen. Es besteht eindeutig Handlungsbedarf. Sie beschließen, Liebmann für den nächsten Morgen um 10 Uhr zu sich zu bestellen. Bis dahin werden Sie sich eine sinnvolle Gesprächsstrategie zurechtlegen.

In dem bereits skizzierten Entscheidungsprozeß finden wir den vertrauten Konflikt zwischen dem vernünftigen Erwachsenen-Ich und dem kindlichen Impuls, Schwierigkeiten aus dem Weg zu gehen, sich zu verstecken. Und für das rationale Verhalten sprechen leider nur rationale Faktoren, die bekanntlich wenig Motivationskraft besitzen.

Der erste, wichtigste Faktor besteht in dem Wissen, daß alles nur schlimmer wird, wenn Sie untätig bleiben. Der zweite liegt in Ihrer Selbstachtung und der Achtung von seiten Ihrer Mitarbeiter. Das dritte Argument betrifft die Erhaltung eines harmonischen, produktiven Betriebsklimas. Und der vierte Faktor schließlich sollte Ihre Überzeugung sein, daß Probleme wie das vorliegende mit den richtigen Strategien lösbar sind, ehe man sich vor Gericht wiedersieht.

Dieser letzte Punkt verdient am meisten Beachtung: Sobald ein Manager weiß, daß es Mittel und Wege zur Konfliktlösung gibt — und welche das konkret sind! —, hat die Situation einen großen Teil ihres Schreckens verloren. Wenn Sie sich allerdings eingestehen müssen: »Ich sollte eigentlich eingreifen, ich weiß bloß nicht, wie«, liegt die Flucht in Vermeidungsverhalten nahe.

Ein weiterer Anstoß zum Handeln ist die Tatsache, daß Sie als Chef in Problemsituationen nicht nur eingreifen dürfen, sondern **müssen**. Das gehört zu Ihrem Job!

In dem Fall sexueller Belästigung hat Ihre Mitarbeiterin zwar den Mut gehabt, Ihnen die Sache mitzuteilen, möchte sich ansonsten aber bedeckt halten: »Bitte sagen Sie Herrn Liebmann nichts davon, nennen Sie vor allem nicht meinen Namen.« Eine bequeme Ausflucht wäre hier, einfach zu erwidern: »Nun, dann sind mir die Hände gebunden, und ich kann nichts für Sie tun.« Damit wäre der Schwarze Peter wieder bei der Mitarbeiterin — eine unbefriedigende Situation.

Sie könnten allerdings auch entgegnen: »Ich möchte Ihnen helfen, Mary, aber dafür müssen Sie namentlich zu Ihrer Aussage stehen. Ich verstehe Ihre Bedenken, aber anders können wir Ludwig Liebmann nicht Einhalt gebieten. Ihre Intimsphäre soll natürlich soweit wie möglich geschützt werden.«

Lassen Sie uns noch einen Augenblick die zwei Seiten der Angelegenheit betrachten. Indem der Chef seine Einsatzbereitschaft für Marys Belange bekräftigt, flößt er ihr Vertrauen und Zuversicht ein. Er wird den Vorfall in der Teeküche sachlich mit Ludwig Liebmann besprechen, und dieser wird sich hüten, alles abzustreiten. Vielmehr wird Liebmann sich in Zukunft zusammenreißen.

Nehmen Sie das Gespräch nun aber nicht auf die leichte Schulter. In einer gespannten Atmosphäre mit schwierigen Mitarbeitern zu diskutieren gehört zu den höchsten Anforderungen an Führungspersonen. Selbst erfahrene Manager gestehen, daß sie Angst davor haben, sich während des Gesprächs alles andere als wohlfühlen und froh sind, wenn sie es hinter sich haben.

Wahrer Mut zeigt sich jedoch nicht in Selbstbeschwichtigungen. Er besteht vielmehr darin, das Notwendige zu tun, obwohl man innerlich zittert, und an das positive Ergebnis zu glauben.

Setzen Sie einen Gesprächstermin an

Die Aufforderung an den Mitarbeiter sollte nicht brieflich oder per Aktennotiz ergehen. Rufen Sie ihn lieber direkt an und bitten Sie ihn zu einer bestimmten Zeit zu sich. Seien Sie dabei ruhig, gelassen und höflich. Der Mitarbeiter sollte gebeten — nicht herzitiert werden.

Ganz falsch wäre es, wenn Sie den Mitarbeiter von vornherein in die Defensive drängen. Das wäre zum Beispiel der Fall, wenn Sie sich vor seinem Schreibtisch aufbauten und ihn anschnauzten: »Kommen Sie sofort in mein Büro, Müller, ich habe mit Ihnen zu reden!« Dem armen Müller wird auf der Stelle der Angstschweiß ausbrechen.

Der ängstliche, unsichere Manager würde dagegen in den Fehler verfallen, eine lange Aktennotiz zu verfassen und ein Gespräch in weiter Zukunft vorzuschlagen. Auch damit erreicht er nur Verunsicherung.

Erscheint der Mitarbeiter schließlich ahnungsvoll zu dem Termin, wird der harte Boss alter Schule Machtspiele und Einschüchterungstaktiken einsetzen. Eine dieser Taktiken ist es, wenn der Chef hinter seinem Schreibtisch stehen bleibt — den imposanten Ledersessel und das Porträt des Firmengründers im Rücken — und den armen Sünder auf einen isolierten Stuhl in der Mitte des Raumes verweist. Die barsche Aufforderung: »Nehmen Sie doch Platz, Herr Müller« klingt bereits wie ein Todesurteil. Der Mitarbeiter auf seinem Stuhl sieht sich auf einem unlenkbaren Floß im Ozean, und er kann nur noch um sein Leben kämpfen.

Der übertrieben zuvorkommende Manager wird vielleicht auf den Mitarbeiter zueilen, ihm kameradschaftlich auf die Schulter klopfen und ihm einen Kaffee anbieten. »Wie geht's, wie steht's, Müller? Und die Familie? Alles in Ordnung? Schöner Tag heute, nicht?« Und so weiter. Die meisten Menschen haben ein gutes Gespür für das Verquere, Unaufrichtige eines solchen Verhaltens und reagieren verstört.

Auch die aufgesetzten »positiven« Eröffnungsstrategien führen nur in die Irre. Wenn Herr Müller zu hören bekommt, daß er »einer unserer wertvollsten Mitarbeiter« ist, dabei aber genau weiß, wie es um seine Leistung bestellt ist, wird er nervös werden.

Am besten fahren Sie, wenn Sie Herrn Müller ruhig und zurückhaltend begrüßen und ihn zum Platznehmen auffordern. Falls Sie in Ihrem Büro eine Besprechungsecke haben, sollten Sie diese benutzen. Aber auch an Ihrem eigenen Schreibtsich setzen Sie sich möglichst über Eck, denn so umgehen Sie die Barriere der Tischfläche zwischen sich und Ihrem Partner. Das Ganze bekommt einen kollegialen Anstrich, Ihr Mitarbeiter ist nicht in der Rolle des gescholtenen Buben. Auf diese Weise haben auch beide die Möglichkeit, sich aufzustützen oder Dinge zu berühren, um körperliche Spannung abzuleiten.

Vergegenwärtigen Sie sich, daß Ihr Gegenüber wahrscheinlich in dieser Situation Angst hat. Diese müssen Sie durch höfliches, beruhigendes Verhalten abbauen, damit das Gespräch nicht von vornherein zum Scheitern verurteilt ist.

Beginnen Sie sachlich und freundlich, etwa so: »Es gibt da ein Problem, über das ich mit Ihnen reden muß. Ich hoffe, wir können es zusammen schnell aus der Welt schaffen.«

Damit signalisieren Sie dem Mitarbeiter, daß Sie auf eine konstruktive Lösung setzen.

Eine — hoffentlich überflüssige — Randbemerkung: Das Gespräch sollte selbstverständlich absolut ungestört verlaufen. Wenn Sie kein Privatbüro haben, suchen Sie sich einen passenden Ort, notfalls in einem Lokal. Nichts demütigt mehr als eine öffentliche Abkanzelung. Macho-Manager mögen solche Auftritte — erfolgsorientierte Führungspersönlichkeiten nicht.

Meiden Sie die »Plauder-Falle«

Manche Managementtrainer empfehlen ein paar Minuten Geplauder, nachdem der Mitarbeiter sich gesetzt hat. Das ist im Prinzip sinnvoll. Es entspannt, der Mitarbeiter überwindet seine erste Angstbarriere und erfährt, daß das Ganze keine Strafaktion ist. Doch das Geplauder kann genauso zur Falle werden.

Der Kumpel-Boss möchte nämlich das Problem im Grunde gar nicht angehen. Also verplaudert er sich. Nach zwanzig Minuten schaut er auf die Uhr und stellt entsetzt fest: »Oh, ich muß gleich zu einer wichtigen Besprechung. Wir sollten einen neuen Termin vereinbaren.« Der Mitarbeiter ist jetzt entweder verwirrt oder amüsiert — letzteres ist wahrscheinlicher, weil er Sie durchschaut. Und Sie selbst fühlen sich miserabel.

Um die Plauder-Phase im Griff zu behalten, sollten Sie sich folgendes vorher zurechtlegen:

1. Was Sie ansprechen wollen
2. Wie lange Sie darüber sprechen wollen.

Inhaltlich sind Themen aus dem Arbeitsalltag am besten. Sie können zum Beispiel fragen: »Wie geht Ihr XY-Projekt voran?« Antwortet Ihr Gegenüber nur knapp: »Gut«, können Sie nachfassen: »Das freut mich. Wissen Sie schon, wann Sie damit fertig sein werden?« Ein, zwei verbindliche, interessierte Fragen, keine Kritik, keine Lobeshymnen. Ein, zwei Minuten — und dann gehen Sie entschlossen das Hauptthema an.

Achten Sie darauf, daß sich hier keine falschen Töne einschleichen. Wenn Sie das Ganze nur als Strategie sehen, um möglichst effizient Ihre Interessen durchzusetzen, nehmen Sie lieber Abstand von Einleitungsgeplauder.

Warum Einzelgespräch?

Die meisten zwischenmenschlichen Probleme werden am besten von Angesicht zu Angesicht gelöst. Das wird deutlich, indem wir uns das Gegenteil vergegenwärtigen: die Gruppenstrafe. Jeder kennt solche Situationen aus der Schule — und haßt sie hinfort.

Kollektivmaßnahmen sind nur dann von Vorteil, wenn es tatsächlich um Gruppenverhalten geht, das von der Gemeinschaft als Ganzes getragen wird. Doch diese Fälle sind selten: Wenn nämlich die Gruppe sehr wohl ihr »schwarzes Schaf« kennt, es aber vor offizieller Strafe bewahren möchte — aus welchen Gründen auch immer. Nur dann können Sie darauf bauen, daß die Gruppe den Sünder zur Raison rufen wird und somit das Problem unter sich löst.

Der Zeitpunkt zum Eingreifen

In Trainingskursen höre ich oft die Frage, wie oft man beispielsweise Zuspätkommen tolerieren sollte, bis man eingreift. Dafür gibt es leider keine andere Regeln als die des gesunden Menschenverstands.

Der erste Rat lautet: besser zu früh aktiv werden, als zu spät. Das kann bereits bei zweimaligen Zuspätkommen innerhalb einer Woche angeraten sein.

Der zweite Tip hat mehr mit Ihnen persönlich zu tun: Sobald Sie anhaltendes Unbehagen gegenüber dem Verhalten eines Mitarbeiters verspüren, sollten Sie etwas tun. Ihr Gefühl ist oft ein ausgezeichnetes Frühwarnsystem für zukünftige Probleme.

1. Schritt: Die Initiative ergreifen und einen Gesprächstermin festsetzen

- *Entschließen* Sie sich zum Eingreifen, sobald das Problem auftaucht. Handeln Sie *sofort.* Gestatten Sie sich keine feige *Abwartestrategie.*
- *Bitten* Sie den Mitarbeiter zu einem Gespräch. Unterhalten Sie sich mit ihm *allein.*
- Behandeln Sie Ihr Gegenüber *höflich*, als *Erwachsenen.*
- Eröffnen Sie das Gespräch mit ein paar verbindlichen Bemerkungen, die der *Entspannung* dienen. Wenn Sie dabei jedoch nicht überzeugend sein können, lassen Sie es lieber.

Fallbeispiel:
»Der Dieb in der Küche«

Frances Smith war die Gründerin und Managerin eines Restaurants in St. Louis. Vor ein paar Monaten hatte sie Dennis Adams als Küchenhilfe eingestellt. Dennis arbeitete gut und zuverlässig, doch er hatte eine ärgerliche Angewohnheit: Er ließ gern etwas aus der Küche mitgehen. Wenn er die Abfallkübel im Hof ausleeren mußte, griff er vorher in die Tielfkühltruhe und nahm zum Beispiel eine Tüte mit fünf Kilo Steaks mit. Die Tüte versteckte er unter der oberen Abfallschicht, und draußen im Hof verstaute er sie in seinem dort geparkten Auto.

Frances Smith erfuhr davon durch eine Mitarbeiterin, die das Ganze beobachtet hatte. »Was werden Sie mit ihm machen, Mrs. Smith?« wollte das Mädchen wissen.

»Keine Sorge, Liz«, entgegnete die Chefin, »ich werde das abstellen.« Und das tat sie.

Einige Tage später kam Frances in die Küche, als Dennis gerade den Abfallkübel hinaustragen wollte. Einer plötzlichen Eingebung folgend (die so überraschend nicht war, denn Frances hatte sorgfältig überprüft, daß in den letzten Tagen keine Steaks abhanden gekommen waren), sagte sie: »Einen Moment, junger Mann.« Dennis fuhr zusammen – in seinem Gesicht stand das verkörperte schlechte Gewissen. Das gab Frances den Mut, auf die Mülltonne zuzugehen, und tatsächlich zog sie unter einer Lage Salatblätter eine Tiefkühltüte mit Steaks hervor. »Was haben Sie dazu zu sagen?« fragte sie.

Dennis sagte gar nichts, sondern griff nach einem Fleischermesser, das auf dem Tisch lag. Obwohl Frances vor Schreck erstarrte, behielt sie Haltung und sagte ruhig: »Überlegen Sie sich das gut, Dennis. Wenn Sie mich mit diesem Messer angreifen, übergebe ich Sie der Polizei, und anschließend sind Sie vorbestraft. Ist das wirklich die Sache wert?«

Dennis zögerte. Dann warf er das Messer weg, rannte aus der Hintertür und wurde in dem Restaurant nicht mehr gesehen.

Klare Führung löst Probleme: Wenn der Chef selbst das Problem ist

Lassen Sie uns einmal kurz auf die Situation des Angestellten eingehen, der unter einem schwierigen Chef arbeiten muß: für einen passiven, entscheidungsunfähigen, chaotischen Vorgesetzten.

Der Mitarbeiter hat kaum Handlungsmöglichkeiten. Greift er den Chef frontal an, muß er mit Nachteilen oder gar Kündigung rechnen. Falls er beschließt, von sich aus zu gehen, wird ihm das niemand verdenken.

Dennoch sind Sie als Mitarbeiter nicht völlig ohnmächtig. Zunächst sollten Sie das Problem analysieren. Die folgende Liste ist zwar nicht vollständig, umreißt jedoch die häufigsten Führungsschwächen. Welches Fehlverhalten zeigt Ihr Chef?

- Er geht Personalproblemen ständig aus dem Weg und leistet damit der Ausweitung der Probleme auf andere Mitarbeiter Vorschub.
- Er hat persönliche Schwierigkeiten, die sich auf seine Arbeitsleistung auswirken.
- Er pflegt einen traditionellen Führungsstil, konkret: Er ist autoritär, schüchtert seine Mitarbeiter ein, nutzt sie aus und läßt Beschwerden nicht gelten.
- Er setzt sich an höherer Stelle nicht für die Belange seiner Mitarbeiter ein, er gibt ihnen keine Rückendeckung bei Konflikten mit anderen Abteilungen.

- Er ist unbeständig, unberechenbar und bevorzugt seine »Lieblinge« in ungerechter Weise.
- Er hegt deutliche Vorurteile gegen bestimmte Menschen — Frauen, Ausländer etc. — und benachteiligt diese sichtlich.

Wenn die Mitarbeiter eines solchen Chefs bereits zu entmutigt sind, um sich offen zu wehren, greifen sie oft zu heimlichen Taktiken: Intrigen, Anweisungen unterlaufen, Dienst nach Vorschrift, den Boss »ins offene Messer laufen lassen« und dergleichen mehr. Obwohl dieses Verhalten verständlich ist und kurzfristig Rachegelüste befriedigt, kann ich nicht dazu raten.

Ich möchte hier ein Beispiel aus meiner Beratertätigkeit erzählen. Joe war Manager einer Abteilung — und Alkoholiker. Er kam zwar jeden Morgen pünktlich ins Büro, doch in der Mittagspause verschwand er regelmäßig für zweieinhalb Stunden in eins der umliegenden Restaurants. Nachmittags war er dann kaum mehr einsatzfähig. Die Unternehmensführung duldete dies jahrelang, obwohl Mitarbeiter sich immer wieder über Joe beklagten.

Schließlich nahm Joes Abteilung die Sache selbst in die Hand. Eines Nachmittags, als Joe — wie immer ziemlich angetrunken — auf seinem Bürosessel Platz nehmen wollte, brach der Stuhl plötzlich unter ihm zusammen. Joe zog sich einen komplizierten Beckenbruch zu und mußte in Frührente gehen. — Solche Horrorgeschichten passieren offenbar wirklich.

Sabotage ist natürlich erst recht kein legitimes Mittel zur Selbsthilfe. Ich kann Ihnen nur wieder zu meiner 3-Schritte-Technik raten:

1. Bitten Sie Ihren Chef um ein Gespräch.
2. Sprechen Sie Ihr Problem sachlich und nüchtern an.

3. Versuchen Sie, von Ihrem Chef eine klare, realistische Zusage zu erhalten.

Wichtig dabei ist, daß Sie Ihre Aktivitäten schriftlich festhalten, damit Sie später etwas in der Hand haben. Auf diese Weise können Sie sogar eine eventuelle — ungerechtfertigte — Kündigung abwehren.

Als Mitarbeiter haben Sie einen Vorteil: Wenn mehrere von Ihnen Grund zu Unzufriedenheit haben, können Sie als Gruppe auftreten. Solange Ihre Beschwerden berechtigt sind und Sie ruhig und sachlich bleiben, kann Ihnen niemand etwas anhaben. Auf keinen Fall darf die geballte Gruppenmacht Sie dazu verleiten, gemeinsam über den ungeliebten Boss herzufallen, ihn mit Vorwürfen zu überschütten, »alles herauszulassen«. Bleiben Sie diszipliniert!

Führt das Gespräch mit Ihrem Vorgesetzten zu keinem Ergebnis, müssen Sie zu dessen Vorgesetzten gehen. Dies ist vor allem dann erfolgreich, wenn sich einzelne aus Ihrer Gruppe an höherer Stelle bereits früher über Ihren Boss beschwert haben. Sie haben hoffentlich Kopien von einschlägigen Aktennotizen bzw. Gesprächsnotizen gemacht. Mit solchen Unterlagen kann man Sie nicht als Nörgler, Querulanten oder Störer des Betriebsfriedens abtun.

Leider ist oft die Führungsebene im Unternehmen selbst ein Teil des Problems. In USA gab es den Fall des FBI-Agenten Donald Rochon. Rochon ist schwarz, und er hatte in seiner Dienststelle in Omaha, Nebraska, unter massiven rassischen Vorurteilen zu leiden. Die Kollegen leisteten sich laufend »Scherze« wie den, daß man über das Foto von Rochons Kindern auf seinem Schreibtisch das Bild eines Affen klebte. Als Rochon sich bei seinen Vorgesetzten darüber beschwerte, wurde das Ganze herabgespielt. Es blieb alles beim alten.

Rochon ging vor Gericht und brachte die Sache überdies an die Öffentlichkeit. Er gab Interviews, in denen er sagte, daß das FBI die Gesetze, die es hüten soll, intern auf zynische Weise verletzt. Natürlich bekam Rochon Zuspruch und Unterstützung von vielen Seiten — und vor Gericht recht. Sein Beispiel sollte jeden Arbeitnehmer ermutigen, sich gegen unerträgliche Zustände zur Wehr zu setzen.

Kapitel 5: Von der Problemdefinition zur Problemlösung

Die klare und objektive Defintion des Problems dem Mitarbeiter gegenüber ist eine der wichtigsten Voraussetzungen der Konfliktbewältung. Dieser Punkt ist ebenso einfach wie kompliziert. Falls es Ihnen als Chef gelingt, die Sachlage ruhig und gelassen beim Namen zu nennen, ohne abwertende Beurteilungen oder einschüchternde Körpersignale, ist bereits viel gewonnen.

Lassen Sie mich eine solche nüchterne Formulierung am Beispiel des »Grabschers« Ludwig Liebmann erläutern:

Chef: Liebmann, Sie fragen sich bestimmt, warum ich Sie zu diesem Gespräch gebeten habe. Nun — gestern kam Mary Reilly, die neue Mitarbeiterin in Ihrer Abteilung, zu mir und berichtete folgendes: Als sie gegen drei Uhr nachmittags in der Teeküche war, hätten Sie sich körperliche Übergriffe bei ihr gestattet. Mary fand das gar nicht in Ordnung und bat mich, mit Ihnen darüber zu sprechen. Können Sie mir sagen, wie sich die Sache verhält?

Der Vorgesetzte hat Klartext gesprochen: Namen, Zeit, Ort wurden ohne Umschweife und ohne Emotion genannt. Der Mitarbeiter weiß, was die Stunde geschlagen hat. Sehen wir uns im einzelnen an, was der Chef damit kommuniziert hat:

1. Ich bin der Boss.
2. Ich bin entschlossen, das Problem zu lösen.

3. Jetzt sind Sie aufgerufen, Ihren Beitrag zur Problemlösung zu leisten.
4. Wenn Sie unkooperativ sind, werden Sie Ärger bekommen.
5. Ich will Sie weder aburteilen, noch strafen, sondern das Problem aus der Welt schaffen.
6. Sexuelle Belästigungen werden in diesem Unternehmen nicht geduldet.
7. Ich möchte Ihre Darstellung hören.

Wir alle wissen, daß Nichtgesagtes ebenso wichtig ist wie Ausgesprochenes. Hätten Sie die Inhalte der Punkte 1 bis 7 Ihrem Mitarbeiter ins Gesicht gesagt, wäre er sofort in die Defensive gegangen.

Wenn Sie zum Beispiel brüsk sagen: »Ich bin hier der Boss«, könnte Ihr Gegenüber folgende Schlüsse ziehen:

1. Mein Chef behandelt mich wie ein Kind.
2. Er hält mich wohl für blöd — als ob ich nicht wüßte, daß er das Sagen hat.
3. Er ist unsicher, sonst müßte er das nicht extra betonen.
4. Er will mich bloß niedermachen bzw. strafen.

Was Sie bei der Problemdefinition tun und was Sie lassen sollten

Diese Phase ist so wichtig für den Erfolg Ihrer Aktion, daß Sie Ihre Worte, Ihre Stimmlage und Körpersprache regelrecht trainieren sollten. Natürlich sollen Sie nicht zum Schauspieler werden, doch ein paar Übungen können nicht schaden.

Setzen Sie sich zum Beispiel in einer ruhigen Minute hinter Ihren Schreibtisch und sprechen Sie langsam und entspannt Ihren Eröffnungssatz: »Liebmann, Sie fragen sich bestimmt, warum ich Sie zu diesem Gespräch gebeten habe ...«

Hier sind einige Tips für Ihre Formulierung: Sprechen Sie nur das beanstandete Verhalten an, ohne jedoch dieses Wort benutzen. Sagen Sie also nicht: »Sie haben da ein Fehlverhalten gezeigt, Liebmann ...« So etwas klingt überheblich und einschüchternd.

Legen Sie alles vollständig und offen auf den Tisch. Klopfen Sie nicht nur auf den Busch. So entstehen erst gar keine Unklarheiten. Sagen Sie also nicht: »Mir ist zu Ohren gekommen, daß es in Ihrer Abteilung kürzlich einen Fall von sexueller Belästigung gegeben haben soll ...«

Achten Sie darauf, daß Sie im Besitz sämtlicher Fakten und Beweise sind: schriftliche Aussagen der Betroffenen, Aktennotizen, die Zeitkarte bei Zuspätkommern, eindeutige Unterlagen etc.

Nachdem Sie das Problem benannt haben, schließen Sie mit einer offenen Frage: »Können Sie mir nun Ihre Sicht darlegen?« Offene Fragen wirken unparteiisch, lassen keine vorgefaßten Meinungen erkennen und regen die Diskussion an.

Hüten Sie sich dagegen vor Aussagen wie: »So, jetzt würde ich gern Ihre Darstellung hören.« Damit legen Sie nahe, daß erstens tatsächlich eine Verfehlung stattgefunden hat, und der Beschuldigte sich zweitens vermutlich »herausreden« wird.

Im obigen Beispiel wählte der Chef die neutrale Formulierung: »Mary Reilly berichtete folgendes ...« Er sprach nicht von »Vorwurf« oder gar »Anklage«.

Um es noch einmal zusammenzufassen: Unterlassen Sie bewertende, anklagende Aussagen. Bleiben Sie ruhig, bauschen Sie die Sache nicht unnötig auf.

Klatsch und Tratsch

Informelle Kommunikation — landläufig »Klatsch« oder »Gerüchteküche« genannt — ist Bestandteil jeder Unternehmenskultur. Das gilt für die meist gar nicht so heimlichen Liebesaffären ebenso wie für bevorstehende Beförderungen bzw. Kündigungen.

Wie verhalten Sie sich als Chef, wenn Ihnen derartige Gerüchte hinterbracht werden? Die einzig vernünftige Antwort lautet: Sie nehmen sie nicht zur Kenntnis. Denn sobald Sie Ihr Verhalten von Klatsch und Hörensagen steuern lassen, haben Sie verloren. Wenn Sie Fehlinformationen aufsitzen, sind Sie gründlich blamiert. Der alte Spruch »Wo Rauch ist, ist Feuer« ist zwar manchmal richtig, aber Sie sollten sich stattdessen sagen: »Wo Rauch ist, ist Rauch.«

Sollte sie also eine Mitarbeiterin mit Klatsch konfrontieren wie: »Haben Sie schon gehört — Liebmann hat Mary Reilly in der Teeküche begrapscht! Da sollten Sie etwas unternehmen!«, bleiben Sie distanziert. Entgegnen Sie: »Auf bloße Gerüchte hin kann ich nichts unternehmen. Wenn das stimmt, soll Mary Reilly es mir selbst sagen.«

2. Schritt: Problemlösung durch Problemdefinition

- Sprechen Sie das Problem *objektiv, detailliert* und *sachlich* an. Reden Sie nicht darum herum.
- *Trainieren* Sie Ihr Verhalten und Ihre Aussagen, um Ihre Nervosität in den Griff zu bekommen.
- Beherzigen Sie die *Tips*: keine Anklagen, keine Moralpredigten, kehren Sie nicht den Boss heraus, schüchtern Sie Ihr Gegenüber nicht ein.
- Bleiben Sie auf jeden Fall *ruhig* und *gelassen*.
- Schließen Sie die Gesprächseröffnung mit einer *offenen Frage*, um Ihr Gegenüber zum Sprechen zu bringen.

Musterdialog: »Die Gerüchteküche«

Richard Carlyle leitet die PR-Abteilung einer Agrikultur-Service-Agentur in Kansas City, Missouri. Seine Sekretärin Donna Richland ist seit drei Jahren bei ihm, und er ist mit ihr sehr zufrieden. Die Beziehung zu ihr ist gut, oft sprechen sie auch über persönliche Dinge.

Seit einiger Zeit hat Donna Eheprobleme. Ihre berufliche Leistung ist dadurch zwar nicht beeinträchtigt, aber sie wirkt häufig erschöpft. Richard hat volles Mitgefühl für ihre Lage. Eines Freitagabends sagte er spontan zu ihr: »Komm, wir gehen ein Bier trinken. Du scheinst ziemlich fertig zu sein.«

Die beiden verließen das Firmengelände um fünf Uhr in Richards Wagen und fuhren zu einem nahegelegenen Lokal. Um halb sieben brachte Carlyle Donna zurück zum Firmenparkplatz. Sie dankte ihm, gab ihm einen Kuß auf die Wange und stieg in ihr Auto.

Martin Nordstrom, ein Kollege Carlyles, beobachtete sie Szene vom Fenster seines Büros aus. Sofort begab sich Nordstrom zum Direktor des Unternehmens J. Robert Harper, der noch in seinem Büro saß. »J. R.«, begann er, »da ist etwas, das Sie unbedingt wissen sollten.«

»Was denn, Martin?« erkundigte sich Harper.

»Nun, ich denke, wir sollten an unsere Abteilungsleiter gewisse moralische Anforderungen stellen ...«

Harper legte die Akte beiseite, die er gerade bearbeitete. »Was meinen Sie damit, Martin?«

Martin: Ich meine das Techtelmechtel zwischen Richard Carlyle und seiner Sekretärin. Alle wissen Bescheid über die Affäre. Sie hat sich von ihrem Mann getrennt und geht mit ihrem Chef aus. Ich habe die beiden gerade auf dem Parkplatz beobachtet. Also — ich finde so etwas untragbar.

Harper: Sie meinen, über die beiden wird allgemein geredet?

Martin: Und wie! Sie sollten nur sehen, wie sie sich anschmachten! Ich denke, wir sollten dem Einhalt gebieten.

Harper: Gut. Ich werde Montag früh mit Richard sprechen.

Am nächsten Montag schritt Harper sofort zur Tat. Um acht Uhr bestellte er Richard Carlyle zu sich: »Unverzüglich!« Richard betrat das Büro und grüßte arglos: »Guten Morgen, Chef. Was gibt's denn so Dringendes?«

Harper: Nun, Richard, da ist etwas, das ich mit Ihnen besprechen muß. Ihnen ist doch wohl klar, daß wir hier eine gewisse Disziplin brauchen, nicht? Ich meine, besonders unsere Abteilungsleiter sollten sich vorbildlich verhalten.

Richard: Sicher, aber ich weiß nicht, worauf Sie hinauswollen ...?

Harper: Hm, das ist ein ziemlich heikles Thema ... Ich habe aus zuverlässiger Quelle erfahren, daß Sie etwas mit Donna Richland haben. Das muß aufhören. Ich will mich ja nicht in Ihr Privatleben einmischen, aber Sie sind ins Gerede gekommen, Richard. Ich muß Sie bitten, sich eine neue Sekretärin zu suchen.

Richard: Moment mal — das darf doch wohl nicht wahr sein, Mr. Harper! Zwischen mir und Donna ist absolut nichts. Ich finde diese üble Nachrede wirklich empörend, und daß Sie auf solches Gerede etwas geben, erschüttert mich regelrecht.

Harper: Nun, ich sage ja nicht, daß ich es glaube. Ich habe nur das Wohl des Unternehmens im Auge. Sie scheinen ziemlich erregt ...

Richard: Und ob! Donna hat im Augenblick große Probleme mit ihrem Mann, und ich wollte ihr helfen. Dieses Geklatsche hinter meinem Rücken ist einfach häßlich und verdirbt bloß das Betriebsklima.

J. R. Harper mußte sich bei seinem Mitarbeiter entschuldigen. Sechs Wochen später kündigte Richard Carlyle seine Stellung, um in einem anderen Unternehmen die Position des stellvertretenden Geschäftsführers einzunnehmen.

Klare Führung löst Probleme: Formulierungsvorschläge für spezielle Fälle

Die allgemeinen Regeln für kritische Mitarbeitergespräche wurden bereits genannt. Nun wollen wir uns speziellen Problemen zuwenden, die eine gezieltere Vorgehensweise erfordern. Im folgenden zähle ich einige typische Situationen auf.

Nörgelei

Formulierungsvorschlag:

> »Joe, ich möchte mit Ihnen darüber sprechen, daß sich bei mir einige Ihrer Kollegen über Ihre ständigen Klagen beklagt haben — wenn Sie mir den kleinen Wortwitz gestatten. Ich finde, wir sollten da etwas tun, bevor die Sache schlimmer wird.«

Erläuterung: Der Chef setzt den Mitarbeiter in Kenntnis über ein Problem seiner Kollegen, er klagt nicht selbst an. Die humorvolle Form wirkt dabei auflockernd. Da Nörglertum meist aus Gefühlen der Unterlegenheit und Hilflosigkeit resultiert, ist der kritisierte Mitarbeiter bei diesem Gespräch wahrscheinlich unsicher und nervös. Wenn Sie dies überwinden, schaffen Sie eine positive Voraussetzung für die Problemlösung.

Zuspätkommen

Formulierungsvorschlag:

> »Ann, mir ist aufgefallen, daß Sie heute morgen zu spät zur Arbeit kamen, es war schon halb neun. Das ist in letzter Zeit mehrfach vorgekommen. Bisher waren Sie immer pünktlich, und deshalb möchte ich mit Ihnen darüber sprechen.«

Erläuterung: Zuspätkommen ist eine weit verbreitete Unsitte, und ebenso oft wird darüber hinweggesehen. Die obige Formulierung zielt auf das Verhalten, nicht auf die Person, und kann daher als sachlich gelten. Die Mitarbeiterin trägt die Verantwortung für ihr Verhalten. Obwohl sich kein erfahrener Vorgesetzter der Illusion hingeben wird, er könnte das Zuspätkommen endgültig ausmerzen, kann er an solchen Fällen demonstrieren, daß er bereit ist, den Anfängen zu wehren.

Private Telefongespräche

Formulierungsvorschlag:

> »Liz, gestern nachmittag haben Sie eine halbe Stunde privat mit Ihrem Mann telefoniert, und dabei war der

Monatsbericht bereits überfällig. Ich möchte mit Ihnen darüber sprechen, bevor diese Dinge überhandnehmen.«

Erläuterung: Private Erledigungen während der Arbeitszeit stellen immer eine Grauzone dar, in der es um Ermessensspielräume geht. Der nachlässige Chef wird hier gern die Zügel schleifen lassen. Doch wenn Sie das Problem in der vorgeschlagenen Weise ansprechen, werden die Mitarbeiter zumindest ein Bewußtsein für ihr Verhalten entwikkeln. Oft ist ihnen nämlich gar nicht klar, wieviel Zeit dem Unternehmen durch private Gespräche verlorengeht.

Schlechte Manieren, unangenehme persönliche Eigenschaften, brüskierende Umgangsformen

Formulierungsvorschlag:

»George, ich muß mit Ihnen über ein sehr persönliches Thema sprechen. Einige Ihrer Kollegen nehmen Anstoß an Ihrem starken Körpergeruch. Ich denke, wir können das Problem aus der Welt schaffen.«

Erläuterung: Der körperliche Intimbereich gehört zu den heikelsten Themen im Berufsalltag. Kritik wird hier fast immer als verletzend empfunden. Sobald jedoch Kollegen, Kunden und andere Anstoß nehmen, müssen Sie als Chef eingreifen. Daß dabei viel Takt und Fingerspitzengefühl von Ihnen gefordert ist, versteht sich von selbst.

Ein interessanter Fall wurde mir aus einem Betrieb berichtet, wo ein Mitarbeiter ständig seine Kolleginnen sexuell belästigte. Beschwerden an höherer Stelle führten zu nichts. Eines Tages gab eine der Frauen in aller Öffentlichkeit dem Übeltäter eine schallende Ohrfeige — und das half. Dem Mann war endlich klargemacht worden, wie unerwünscht sein Verhalten war. Sie als Manager können für eine so entschlossene, wirkungsvolle Problemlösung aus der Gruppe der Mitarbeiter nur zutiefst dankbar sein.

Keine Panik bei Fehlern!

Die Angst vor Fehlentscheidungen ist in fast jedem Manager tief verwurzelt. Manche meinen gar, es sei das Schlimmste, was ihnen in ihrer Laufbahn passieren kann. Entsprechend sind die Reaktionen: man leugnet, vertuscht, lügt gar, man wälzt die Verantwortung auf andere ab. Perfektionistische Vorgesetzte, die sich keinen Fehler eingestehen können, strafen auch andere unnötig hart für Vergehen und Fehlleistungen und tragen so ihre Schuldkomplexe weiter.

Das größte Übel ist jedoch die eigene Verunsicherung, die Selbstanklagen und die daraus resultierende geringe Selbsteinschätzung. Psychologen — allen voran Adam Maslow — sind der Auffassung, daß charakterliche Reife sich vor allem darin ausdrückt, daß man Fehler eingestehen und konstruktiv mit ihnen umgehen kann. Viele erfolgreiche Unternehmer der Geschichte erreichten ihre größten Triumphe erst nach gewaltigen Fehlschlägen, spektakuläre Konkurse eingeschlossen. Rückschläge gehören nun einmal zum täglichen Brot eines jeden Managers.

Der erste Schritt zum konstruktiven Umgang mit Fehlschlägen ist die sachliche Betrachtung der Fakten. Lassen Sie sich vor allem nicht von Zorn und Wut übermannen. Wut überdeckt meistens Angst, und Angst ist der schlechteste Ratgeber. Sagen Sie sich immer wieder, daß Fehler unvermeidlich sind und daß Sie deswegen kein Versager sind.

Das gilt auch für Problemfälle im zwischenmenschlichen Bereich, für die Sie keine befriedigende Lösung finden. Ihre Versagensangst kann sich in einem Wutausbruch dem Mitarbeiter gegenüber entladen, und das wäre ein weiterer Fehler. Doch selbst dieser Fehler kann sein Gutes haben: Zumindest weiß jetzt der Mitarbeiter, daß Sie ein lebhaftes Interesse an der Sache — und an ihm — haben. Und nach dem heftigen Auftritt wird sich mit Sicherheit etwas ändern.

Sobald Sie sich nach einer solchen Szene wieder beruhigt haben, sollten Sie sich bei dem oder der Betreffenden entschuldigen. Fassen Sie anschließend die Sachlage noch einmal ruhig zusammen und suchen Sie gemeinsam nach einer Lösung. Oft reinigt ein ordentliches Gewitter die Atmosphäre, und nicht selten führt es zu mehr menschlicher Nähe — wenn nicht gar zu gegenseitiger Achtung und Freundschaft.

Kapitel 6: Das Hohe Gericht

Jeder von uns hat einen Richter im Hinterkopf, der die Mitmenschen aburteilt. Urteile sind wertende Aussagen — richtig oder falsch, gut oder böse, schwarz oder weiß. Sie beschreiben nicht die Welt, sondern wie es in uns selbst aussieht. Nehmen wir zum Beispiel zwei Sportler, die frühmorgens energiegeladen aufstehen und aus dem Fenster sehen. Es schneit heftig. Der erste, ein Jogger, mault: »Was für ein mieses Wetter!« Der andere, ein Skifahrer, freut sich: »Was für ein herrlicher Tag!«

Urteilsfähigkeit ist tief verankert in der menschlichen Stammesgeschichte und notwendig zum Überleben. Wenn der Urmensch an einem nebligen Morgen aus seiner Höhle blickte und ein großes Tier vorbeilaufen sah, mußte er schnell Urteile fällen: Freund oder Feind? Soll ich flüchten oder kämpfen? Werde ich seine Beute, oder es meine? Ebenso spontan urteilen wir, wenn wir auf ein fremdes Individuum treffen.

Urteilsfähigkeit hat zur Höherentwicklung der menschlichen Rasse beigetragen. Doch sie birgt auch Fallen. Wenn wir auf einer netten Privatparty jemanden neu kennenlernen, treffen wir augenblicklich Entscheidungen: flüchten oder standhalten, Sympathie oder Antipathie? Das nennt man den »ersten Eindruck«, und er kann stimmen — oder auch nicht. Der andere lächelt freundlich: Schon mögen wir ihn. Der andere blickt düster in die Runde, weil er Geldsorgen hat, er wirkt abweisend: Wir mögen ihn nicht. Der erste Eindruck ist erstaunlich hartnäckig und schwer zu revidieren. Und darin liegt der Fluch unserer schnellen Orientierungsfähigkeit.

Gestehen Sie Ihren Mitarbeitern eine faire Anhörung zu

Unser alter Bekannter Ludwig Liebmann betritt erneut die Szene. Er hat den letzten Satz seines Chefs im Ohr: »Sagen Sie mir bitte, wie Sie die Sache in Erinnerung haben.« Nach einer kurzen Pause und einigem Nachdenken kommt folgende Aussage:

»So was — Mary hat behauptet, ich hätte sie angefaßt? In der Teeküche? Tja, also, ich weiß bloß, daß ich so gegen drei Uhr in der Teeküche war, und sie war auch da, aber ich habe sie auf keinen Fall belästigt oder so. Hat sie wirklich gesagt, ich hätte sie angefaßt?«

Die Antwort des Chefs ist: »Ja, das hat sie gesagt.«

Nach einer weiteren Denkpause äußert Ludwig Liebmann: »Also, ich habe sie bestimmt nicht bedrängt, aber Sie müssen wissen, daß es in der Teeküche ziemlich eng ist. Ich hatte einen Stapel Aktenordner dabei, die haben doch so scharfe Kanten. Vielleicht habe ich Mary damit angestoßen.«

Chef: »Sie meinen, Mary könnte Ihre Hand mit der Kante eines Aktenordners verwechselt haben?«

Liebmann erwidert eifrig: »Es kann gar nicht anders gewesen sein. Jetzt erinnere ich mich auch, daß sie ganz entsetzt reagierte. Sie muß gedacht haben, ich hätte sie gezwickt, oder was. Ich hatte das gar nicht so richtig mitgekriegt.«

(Der Richter im Kopf des Vorgesetzten hat sein Urteil längst gefällt: »Er lügt offensichtlich. Die Aktenordner sind eine billige Ausrede. Aber damit kommt er bei mir nicht durch.« Der Beklagte ist für schuldig befunden.)

Das Verhalten des Chefs ist zumindest hinreichend objektiv. Er will kein vorschnelles Urteil fällen, sondern erfahren, was tatsächlich vorgefallen ist. Wenn Ludwig Liebmann seine Kollegin wirklich rein zufällig angestoßen hat, wird man ihr das erklären und dafür sorgen, daß solche Mißverständnisse nicht wieder vorkommen. Immerhin besteht die Möglichkeit, daß Mary Reilly aus anderen Gründen einen Groll gegen Liebmann hegte und ihn anschwärzen wollte. In diesem Fall wird sie sich derartige Aktionen in Zukunft überlegen.

In der Realität kann der Vorgesetzte selten die Vorgänge wirklich rekonstruieren. Er hört eine Aussage und eine Gegendarstellung, er weiß Bescheid über verzerrte Wahrnehmungen von unmittelbar Beteiligten. Und er sollte gar nicht erst anfangen, hier den Detektiv zu spielen. Seine Rolle beschränkt sich auf die des unparteiischen Zuhörers.

Wenn Sie nur zuhören und klärende Fragen stellen, übertragen Sie einen Teil der Verantwortung auf Ihr Gegenüber. Der Psychotherapeut Carl Rogers nannte dieses Vorgehen »klientenzentriert«. Es bewirkt, daß der »Klient« zunächst selbst über seine Situation nachdenkt — sei es, um seine Rolle zu klären oder um ein Lügennetz zu spinnen. In der Folge wird er sich eigenständig eine Problemlösung überlegen.

Das Zuhören ermutigt ebenfalls Eigeninitiative. Ihr Gegenüber wird zum Sprechen gebracht, und je mehr Zeit man ihm zum Reden läßt, um so eher wird er von sich aus eine Problemlösung vorschlagen. Das Zuhören ist eine so erfolgversprechende Taktik, daß man sich wundern muß, warum sie nicht häufiger eingesetzt wird.

Weitere klärende Strategien

Eine andere hilfreiche Technik besteht darin, die Aussagen des Gegenübers zu wiederholen, allerdings in Frageform. Dadurch wahren Sie Ihre Objektivität und signalisieren gleichzeitig Aufmerksamkeit und Wohlwollen.

Mitarbeiter spielen gern zwei Spiele: Sie versuchen, den Chef zu einer Zustimmung zu ihrer Darstellung zu bewegen, oder ihn in eine Argumentation zu verwickeln. In beiden Fällen ist der Chef im Nachteil. Hüten Sie sich vor Bestätigungen wie: »Ich verstehe, was Sie meinen, Liebmann. Mary muß Ihr Verhalten falsch interpretiert haben.« Damit schleichen Sie sich aus der Verantwortung. Wenn Sie dagegen sagen: »Und das soll ich Ihnen glauben, Liebmann?«, ist ein Streit vorprogrammiert.

Eine weitere klärende Strategie ist die Zusammenfassung, am besten in einem knappen Satz. In unserem Beispiel könnte der Chef also sagen: »Sie meinen also, das Ganze war ein Versehen, das Mary mißdeutet hat?« Mit dieser Frage deuten Sie an, daß der vermeintliche Sünder seiner Kollegin gegenüber die Angelegenheit klarstellen sollte.

Zwei Techniken werden gern von Beratern und Therapeuten eingesetzt: Wiederholung und Umschreibung. Beide sind dann sinnvoll, wenn das Gespräch in eine Sackgasse geraten ist bzw. wenn Ihr Gegenüber sich in Schweigen hüllt. Wenn Herr Liebmann etwa äußert: »Ich habe Mary vielleicht aus Versehen mit den Aktenordnern angestoßen«, können Sie nachfassen: »Sie haben sie also angestoßen?« Das klingt zwar ziemlich schlicht — und ist es auch, aber Sie demonstrieren damit unaufdringlich Ihr Interesse.

Die Umschreibung ist eine sehr verwandte Technik. Sie ist ebenfalls nicht urteilend und dient zur näheren Aufklärung der Umstände.

Liebmann: Ich trug einen Stapel Aktenordner und konnte nicht richtig sehen, wohin ich trat. Vielleicht habe ich Mary dabei angestoßen.

Chef: Sie meinen, Sie könnten gestolpert sein?

Liebmann: Ja, so muß es gewesen sein.

Bei schüchternen, wortkargen Mitarbeitern können Sie die Technik der direkten Sachfrage verwenden. Dies ist nicht ganz ungefährlich, denn direkte Fragen können als Verhör aufgefaßt werden. Dennoch müssen Sie zu diesem Mittel greifen, sofern alle anderen Lösungsversuche fehlschlagen.

Falls Liebmann nach Ihren einleitenden Sätzen einfach minutenlang schweigt, fordern Sie ihn auf: »Denken Sie doch bitte einmal kurz nach, was Sie gestern nachmittag zwischen zwei und drei Uhr gemacht haben.« Damit geben Sie ihm Gelegenheit, sich zu sammeln, bestehen aber gleichzeitig auf einer Antwort.

Kleiden Sie Ihre Frage nicht in eine aggressive Form wie: »Nun, Liebmann, waren Sie gestern nachmittag in der Teeküche, oder nicht?« Damit treiben Sie ihn nur in die Defensive, und er wird womöglich erst recht nicht antworten.

Wenn alle Kommunikationsversuche fruchtlos bleiben, beenden Sie das Gespräch mit den Worten: »Ich verstehe, daß Sie erst einmal über die Sache nachdenken wollen. Wir machen am besten einen neuen Termin für dieses Gespräch aus.«

Ihr Langzeitziel

Ihr Ziel sollte es langfristig sein, eine Arbeitsatmosphäre zu schaffen, in der die meisten Probleme sich von selbst lösen. In solchen Idealzuständen sprechen die Mitarbeiter ihre Schwierigkeiten spontan aus und klären die Sache selbständig. Sie als Chef brauchen nur noch Lob und Anerkennung zu verteilen.

Dergleichen kommt tatsächlich vor. Ein Beispiel: Ein Mitarbeiter hatte auf dem Weg zur Arbeit eine Autopanne und kommt zu spät. Er kommt direkt ins Büro seines Vorgesetzten, und folgender Dialog entspinnt sich:

Mitarbeiter: Boss, ich bin heute eine halbe Stunde zu spät gekommen. Meine alte Karre ist mir mitten auf der Straße zusammengebrochen.

Chef: Wie ärgerlich für Sie, Joe.

Mitarbeiter: Allerdings. Aber ich habe das Theater satt und kaufe mir einen anderen Wagen. Übrigens — ich bleibe natürlich heute abend länger, falls ich den Bericht an Portland nicht schaffe. Sie haben ihn dann morgen früh auf Ihrem Schreibtisch.

Chef: Vielen Dank, Joe, das weiß ich schätzen. Und ich hoffe, daß Sie mit Ihrem neuen Wagen glücklicher werden.

Solche Mitarbeiter sind leider nicht die Regel. Doch Sie als Chef können sie dazu erziehen, indem Sie ein leuchtendes Beispiel geben. Mit guten Vorgesetzten arbeitet die Belegschaft vertrauensvoll und kreativ zusammen.

Schwache Manager schaffen dagegen langfristig ein unsicheres, schlaffes Betriebsklima. Kurzfristig müssen dann oft unnötig harte Maßnahmen ergriffen werden, um die Disziplin wiederherzustellen.

Sehen Sie also zu, daß Sie die Probleme intelligent, sofort und dauerhaft lösen.

3. Schritt: Hören Sie dem Mitarbeiter zu und klären Sie den Sachverhalt

- Bringen Sie den *Richter* in Ihrem Kopf *zum Schweigen*. Halten Sie Ihre private Meinung über Schuld oder Unschuld des Mitarbeiters zurück.
- *Hören* Sie Ihrem Mitarbeiter konzentriert und geduldig *zu*.
- Setzen Sie *Verstärkungstechniken* wie Wiederholung, Umschreibung und Zusammenfassung ein, um den Sachverhalt zu klären.
- Stellen Sie *direkte Sachfragen*, wenn Ihr Gegenüber sich innerlich zurückzieht.
- Lassen Sie sich nicht auf *Bestätigungen* oder *Argumentationen* ein.
- Wenn alles nichts hilft, setzen Sie einen *neuen Gesprächstermin* fest.

Musterdialog: »Das Computer-College«

Jim Winters war im Alter von 25 Jahren ans College zurückgekehrt, nachdem er seinen Militärdienst abgeleistet hatte. Da er gut in Mathematik war, entschied er sich für eine EDV-Ausbildung. Er besaß jedoch keinerlei Erfahrung im Umgang mit Computern.

Nach einem dreiwöchigen Einführungskurs kam er zu seinem Professor Dr. Richard Nyland und erklärte, daß er das Studium aufgeben wollte.

Winters: Dr. Nyland, ich fand Ihren Kurs sehr interessant, aber ich möchte diese Ausbildung abbrechen. Ich glaube, ich eigne mich nicht für EDV.

Nyland: Das überrascht mich, Jim. Sie haben die erste Prüfung doch bestanden, oder?

Winters: Ja, aber das war wohl eher Zufall. Die andern im Kurs wissen viel mehr über Computer als ich, ich komme mir richtig dumm neben ihnen vor.

Nyland: Sie fühlen sich Ihren Kollegen unterlegen?

Winters: Allerdings. Die reden dauernd von Bytes, RAM und ROM und Floppys, ich komme da überhaupt nicht mit. Ich möchte lieber gleich aufhören.

Nyland: Sie finden also, Sie sollten schon am Anfang des Kurses alles wissen, was da gelehrt wird?

Winters: Das nicht. Aber ich dachte, das sei ein Einführungskurs ...

Nyland: Das ist er auch. Aber viele von den Teilnehmern hatten eben schon in der Schule mit Computern zu tun, oder sie haben einen zu Haus.

Winters: Das habe ich mir nicht klargemacht. Ich fühle mich so mies, weil ich älter bin als die meisten, und trotzdem keine Ahnung habe. Aber stimmt, nach dem ersten Semester weiß ich wahrscheinlich genausoviel wie die anderen.

Nyland: Sehr richtig, Jim. Und Sie haben doch bis jetzt Ihre Sache recht gut gemacht.

Winters: Ja, ich habe im Grunde alles verstanden. Vielleicht sollte ich das Ganze doch durchziehen. Vielen Dank, daß Sie mir Mut gemacht haben, Dr. Nyland.

Klare Führung löst Probleme: Wie Sie mit Ihren Überreaktionen fertig werden

In meiner Beratertätigkeit habe ich immer wieder erlebt, daß Führungskräfte auf Problemsituationen unangemessen heftig — ja hysterisch — reagieren. Das sieht für den externen Beobachter oft amüsant aus, für die Betroffenen ist es jedoch alles andere als lustig, wenn jede Schwierigkeit als Weltuntergang betrachtet wird.

Ein Beispiel soll illustrieren, wie abträglich solche Überreaktionen sein können. Eine Frau übernahm die Fachbereichsleitung für Abendkurse an einer privaten Erwachsenen-Akademie in Philadelphia. Ihr Vorgänger hatte die Finanzen des Bereichs in heilloser Unordnung hinterlassen.

Die Leiterin gewann einen neuen Dozenten — nennen wir ihn Donald Prima — für externe Management-Kurse in einem Vorort. Nach dem zweiten Kurstermin rief die Leiterin Donald Prima an. Sie war sehr erregt und machte sich Sorgen über die Qualität des Lehrangebots.

»Haben sich meine Studenten etwa beklagt?« wollte Prima wissen.

»Das nicht. Aber ich habe mich bei einigen erkundigt, und ein Student kritisierte an Ihrem Unterricht mangelnden Gehalt.«

Prima unterdrückte seine aufsteigende Verärgerung und bat um den Namen des Studenten, den die Leiterin wohl oder übel nennen mußte. Am Ende des nächsten Kursabends nahm Prima den jungen Mann beiseite und fragte: »Joe, haben Sie sich bei der Schulleitung über die mangelnde Qualität meines Unterrichts beklagt? Ich hatte den Eindruck, daß Sie meinen Kurs recht gern besuchen.«

Hastig versicherte Joe: »O nein, Dr. Prima, so habe ich das nicht gesagt.«

Prima: Wie war das denn, Joe? Die Schulleiterin hat Sie angerufen, nicht wahr?

Joe: Ja, und sie schien sehr besorgt. »Ist mit Dr. Prima wirklich alles in Ordnung?« wollte sie wissen, und: »Können Sie mir das hundertprozentig versichern?« Da dachte ich, daß mit Ihnen vielleicht etwas nicht stimmte, daß Sie eine Studentin vergewaltigt hätten oder sonst was Schreckliches, und daß ich als Zeuge vernommen werden sollte. Ich mag Ihren Unterricht sehr, Dr. Prima, aber in der Situation war ich verunsichert. Ich fühlte mich geradezu gedrängt, etwas Kritisches zu äußern. Das war natürlich unrecht und feige von mir. Und so sagte ich, Ihr Unterricht könnte etwas mehr Niveau haben. Dabei finde ich das in Wirklichkeit gar nicht. Hätte ich doch bloß den Mund gehalten! Aber die Leiterin fragt uns dauernd über die Lehrer aus — ich mag das ganz und gar nicht.

Prima: Machen Sie sich keine Vorwürfe, Joe. Ich werde selbst mit der Leiterin sprechen.

Joe: Das ist gut. Aber Sie sollten sie verstehen, sie ist im Grunde ganz nett, nur immer so schrecklich besorgt.

Zwei Tage darauf besuchte Donald Prima die Schulleiterin in deren Büro. Ruhig und sachlich stellte er folgendes fest:

1. Die besorgten Anrufe setzten die Studenten geradezu unter Druck, sich negativ zu äußern.
2. Die Studenten lehnten diese Form der Überwachung ab und empfanden es als unfaire Kontrolle des Lehrpersonals.
3. Die auf diese Weise erhaltenen Informationen waren entstellt und irreführend und schufen nur neue Probleme.

Die Schulleiterin hörte aufmerksam zu und versprach, die Kontrollanrufe in Zukunft zu unterlassen.

Es ist schwierig, mit unsicheren, überbesorgten, hysterischen Vorgesetzten umzugehen. Sie übertragen ihre Ängste auf die Umgebung und finden darin Bestätigung.

Sie als Beobachter bzw. Betroffener sollten dabei Ihren kühlen Kopf bewahren. Nur so haben Sie die Chance, sich einem Neurotiker gegenüber Gehör zu verschaffen. Anschließend stellen Sie klar und deutlich fest, daß jedes Problem gelöst werden kann und daß keineswegs der Weltuntergang bevorsteht. Eine letzte Maßnahme besteht in einer milden Drohung: Durch hysterische Reaktionen werden die Probleme nur noch größer.

Meiner Erfahrung nach ist das Vermeidungsverhalten einem neurotischen Manager gegenüber die verbreitetste Einstellung — begleitet von Klatsch und Lästern hinterm Rücken. Doch auch hier gilt die Regel: Packen Sie das Problem hart und entschlossen an.

Kapitel 7: Zusagen für zukünftige Verhaltensänderungen

Kehren wir zu dem Fall Ludwig Liebmann zurück. Er hat soeben erklärt, daß die Szene mit Mary Reilly auf einem Mißverständnis beruhte. Wir nehmen den Dialog an dieser Stelle wieder auf:

Chef:	Sie konnten also nicht richtig sehen, wohin Sie gingen?
Liebmann:	Genau. Die Aktenordner waren schwer und sperrig. Ich merkte dann wohl, daß Mary ganz aufgeregt davonrannte, aber ich habe mir nichts dabei gedacht.
Chef:	Sie haben also seitdem nicht mehr mit ihr gesprochen?
Liebmann:	Nein, aber das werde ich gleich nachholen. Das Ganze war ein Versehen, und ich will die Sache aus der Welt schaffen.
Chef:	Das ist eine gute Idee, Ludwig. Kann ich mich darauf verlassen, daß Sie das noch heute erledigen?
Liebmann:	Auf jeden Fall, Boss.

Wahrscheinlich ist damit das Problem bereits gelöst. Mary wird die Erklärung ihres Kollegen akzeptieren müssen, und er wird sich in Zukunft vorsehen.

Bei diesem Gespräch wußte der Vorgesetzte genau, was er wollte: Liebmann zu Eigeninitiative veranlassen, und Liebmann spielte mit. Auf diese Situation paßt das Bild vom Pferd, das man zwar zur Tränke führen kann, aber trinken muß es selbst.

Manchmal gelingt dies jedoch nicht: Der Mitarbeiter ist verschreckt oder durcheinander, oder er sieht keine Möglichkeit zu eigener Aktivität. Dann können Sie ihm direkt vorschlagen: »Wie wäre es, Liebmann, wenn Sie mit Mary reden und das Mißverständnis aufklären?« Darauf wird Liebmann vermutlich eingehen.

Beides setzt allerdings eine kooperative Atmosphäre voraus — mit anderen Worten: Feindseligkeit und Aggression dürfen sich nicht bereits aufgebaut haben. Deshalb müssen Sie als Chef frühzeitig eingreifen.

Falls das Problem jedoch damit nicht aus der Welt geschafft ist — Ihr Mitarbeiter legt sich quer oder weicht aus —, müssen Sie Ihre Autorität einsetzen. Liebmann könnte sich beispielsweise weigern: »Nein, mit Mary zu reden wäre mir einfach zu peinlich.« Jetzt sind Sie aufgerufen, eine klare Sprache zu sprechen: »Nun, ich kann Ihre Nöte verstehen, aber ich bitte Sie trotzdem, noch heute mit Mary zu sprechen.« Sie bleiben freundlich im Ton, aber hart in der Sache.

Mitunter kann sich das Problem ausweiten, so daß Sie anderweitig Hilfe suchen müssen.

Liebmann: Ich möchte nicht mit Mary darüber sprechen. Sie muß doch gemerkt haben, daß ich sie aus Versehen angestoßen habe. Ich glaube, sie ist wegen etwas anderem wütend auf mich und wollte mich bloß anschwärzen.

Chef: Nun, das kann ich nicht beurteilen. Aber ich möchte diese Sache vom Tisch haben. Deshalb werden Sie bitte noch heute mit Mary reden.

Sie lassen sich nicht auf eine Diskussion der Hintergründe ein, sondern zielen auf Problemlösung.

Manchmal müssen Sie jedoch die offizielle Maschinerie in Gang setzen: Abmahnungen, ernste Strafandrohungen bis hin zur Kündigung. Dies alles müssen Sie deutlich aussprechen.

Chef: Fred, wir haben uns bereits zweimal über Ihr Zuspätkommen unterhalten, und Sie haben Besserung versprochen. In dieser Woche sind Sie nun wieder zweimal zu spät gekommen. Wenn das noch einmal passiert, bekommen Sie eine Abmahnung. Das verstehen Sie sicher.

Fred: Ja, aber so weit brauchen Sie nicht zu gehen. Ich kaufe mir ein anderes Auto, dann habe ich nicht dauernd diese Pannen.

Chef: Das freut mich zu hören. Ich möchte wirklich nicht zu härteren Mitteln greifen müssen.

Moralisieren Sie nicht, treiben Sie nichts auf die Spitze. Fassen Sie den Werdegang der Kontroverse kurz zusammen. An diesem Punkt brauchen Sie dem Mitarbeiter nicht mehr geduldig zuzuhören, es sei denn, er hat neue Gesichtspunkte anzuführen. Stellen Sie ganz sachlich fest: »Sie lassen mir keine andere Wahl.«

Die Kunst der fairen Kündigung

Die meisten Manager hassen es, jemandem kündigen zu müssen. Deshalb finden wir hier besonders oft Vermeidungsverhalten und Ungeschicklichkeiten. Hinzu kommt die Furcht, der entlassene Mitarbeiter könnte sich irgendwie rächen.

Die meisten fristlosen mündlichen Kündigungen werden freitagnachmittags um vier Uhr ausgesprochen. Der Unglücksrabe wird aufgefordert, seine Papiere zu holen und seinen Arbeitsplatz zu räumen. Oft werden anschließend die Schlösser am Spind oder Schreibtisch ausgetauscht. Diese mehr symbolische Aktion unterstreicht den aggressiven, strafenden Charakter der Aktion — als müßte das Unternehmen vor Gewalttätigkeit geschützt werden.

Kein Wunder, daß Mitarbeiter verärgert oder gar wütend auf diese Behandlung reagieren. Vor allem, wenn es zum Wochenende geschieht: So sind sie für zwei Tage zur Untätigkeit verdammt und können nicht sofort mit einer neuen Jobsuche beginnen. Die Kündigung wirkt noch traumatischer als ohnehin schon.

Wir wollen hier keineswegs behaupten, daß Kündigungen eine angenehme Aufgabe sind. Sie müssen daher immer damit rechnen, daß der Gekündigte Ihnen massive Vorwürfe bzw. Schuldgefühle zu machen versucht. Ein Vorarbeiter in einem Stahlwerk, der einen Arbeiter wegen wiederholter Trunkenheit am Arbeitsplatz entlassen hatte, bekam folgendes zu hören:

»Sie sind ein Schuft! Diese Entlassung ist mein Todesurteil! Ich habe schon meine Familie und meine Freunde verloren, und jetzt nehmen Sie mir noch den Job. Wofür soll ich denn überhaupt noch leben?«

Der Vorarbeiter war ehrlich erschüttert und machte sich schwere Vorwürfe. Dennoch hatte er richtig gehandelt, denn der Arbeiter stellte eine Gefahr für sich selbst und seine Kollegen dar. Der Entlassene entschloß sich in der Folge zu einer Entziehungskur, seine Frau kehrte zu ihm zurück, und ein Jahr später hatte er seinen Job wieder. Die Kündigung war geradezu ein Segen gewesen.

Allerdings ist die Kündigung zunächst eine bittere Pille. Doch sie ist nötig, damit sich wirklich etwas ändert. Besonders bei Alkoholabhängigen kommt ein weiteres Problem dazu: Man kann sie nicht wegen ihrer Sucht entlassen, sondern nur wegen akuter Gefährdung anderer.

Der Kündigungsgrund muß sorgfältig überlegt sein und im Einklang mit dem Kündigungsschutzgesetz stehen. Erst wenn alle anderen Mittel nichts fruchteten und der Mitarbeiter wirklich nicht mehr tragbar ist, sollten Sie in Aktion treten. Diese letzte, bedauerliche Entscheidung kann jedoch in fairer Weise ausgesprochen werden:

»Fred, ich finde es sehr traurig, daß es so weit kommen mußte, aber ich kann Ihnen wegen Ihrer extremen Unpünktlichkeit nur noch kündigen. Sie waren ein fähiger Mitarbeiter und beliebt bei Ihren Kollegen. Ich wünsche Ihnen aus ehrlichem Herzen alles Gute für Ihre Zukunft.«

Diese Kündigung ist kein Racheakt, sondern eine traurige Pflicht. Hoffentlich haben Sie als Chef sich nicht vorzuwerfen, das Problem zulange verschleppt zu haben.

Zwar sind faire Entlassungen nicht immer möglich, aber folgende Regeln können Ihnen die Aufgabe erleichtern:

- Kauen Sie den Fall nicht noch einmal in aller Länge durch. Im Normalfall ist der Mitarbeiter bereits abgemahnt worden und ahnt, was auf ihn zukommt.
- Kommen Sie schnell zur Sache, aber bleiben Sie ruhig, höflich und gelassen. Behandeln Sie Ihr Gegenüber als Erwachsenen.
- Erläutern Sie unmißverständlich den Kündigungsgrund.
- Wenn Ihnen der Verlust leid tut, sagen Sie es. Wenn es ein guter Mitarbeiter war, sagen Sie es ihm. Heucheln Sie aber nicht, wenn es nicht so war.
- Lassen Sie keinen Zweifel daran, daß Ihre Entscheidung endgültig ist. Übergeben Sie dem Mitarbeiter das Kündigungsschreiben persönlich, schicken Sie es nicht per Post.

- Kündigen Sie am Anfang der Woche und vormittags. Alles andere ist unnötig grausam.
- Machen Sie sich vor dem Gespräch klar, daß Sie Ihrem Mitarbeiter möglicherweise sogar einen Gefallen tun. Auf diese Weise ersparen Sie sich unangemessene Schuldgefühle.
- Nehmen Sie die Kündigung auf keinen Fall zurück, selbst wenn der Mitarbeiter vor Ihnen in Tränen ausbricht. Seien Sie verständnisvoll und mitfühlend, aber machen Sie sich nicht zum Narren, indem Sie das Ganze rückgängig machen.

Am leichtesten fällt die Maßnahme, wenn der Mitarbeiter vorgewarnt ist. Das erfordert natürlich klare, entschlossene Führung von Anfang an. Kumpelhaftigkeit und Vermeidungsverhalten von Ihrer Seite stehen dem entgegen.

Lassen Sie mich noch ein paar Anmerkungen zu Ihren möglichen Selbstvorwürfen anbringen. Zunächst ist es eine Tatsache, daß viele Mitarbeiter es geradezu auf eine Kündigung anlegen. Das muß ihnen nicht bewußt sein. Der tiefere Grund liegt meist darin, daß sie ihren Job einfach ablehnen. Die Folgen sind Unaufmerksamkeit, Nachlässigkeit, Fehlleistungen, lange Krankenzeiten. Hier können Sie den alten orientalischen Grundsatz des »Gesichtwahrens« anwenden. So wird der Mitarbeiter seiner Frau sagen können: »Da siehst du mal, wie schlecht ich dort behandelt wurde, wie sie mich ausgenutzt haben. Jetzt haben sie mich auch noch vor die Tür gesetzt.« Diese Märtyrerhaltung wahrt zumindest einen Rest von Würde.

Zweitens kann die Kündigung zum Positiven ausschlagen. Oft stand tatsächlich nur der falsche Mann am falschen Platz, und er bekommt mit der Entlassung die Chance für einen Neubeginn.

Sicher freut sich niemand über eine Kündigung. Aber meist ist die Angst davor schlimmer als die Kündigung selbst. Der radikale Schnitt kann ungeahnte Kräfte freisetzen, sobald der erste Schreck überwunden ist.

Stufenweise Disziplinarmaßnahmen und Hilfsangebote

Besser ist es natürlich, Konflikte gütlich beizulegen, als mit Hilfe von Disziplinarmaßnahmen. Dennoch können Sie letzterem nicht immer ausweichen. Befolgen Sie dabei stets die vorgeschriebenen Verfahren der Personalführung, damit Sie zumindest formal und juristisch unangreifbar sind.

Zunächst muß dem Mitarbeiter eine Möglichkeit gegeben werden, seinen Fehler wiedergutzumachen. Bieten Sie ihm Ihre ehrliche Hilfe an. Im Fall des unpünktlichen Fred könnte das so aussehen:

Chef: Fred, Sie haben mir gesagt, daß Sie Probleme mit Ihrem Auto haben, aber jetzt besprechen wir das schon zum dritten Mal. Steht vielleicht ein anderes Problem dahinter, das wir zusammen lösen können?

Fred: Nein, nein, vielen Dank. Sobald ich meine alte Karre verkauft habe, werde ich jeden Tag pünktlich sein.

Chef: Nun ja. Ich mache mir Sorgen um Sie, Fred, denn Sie waren bisher ein guter Mitarbeiter. Sie sollten wissen, daß ich für Sie da bin, wenn Sie ein Problem haben.

Viele Menschen sind dazu erzogen, persönliche Probleme aus dem Berufsleben herauszuhalten. Das ist in der Praxis jedoch nicht so einfach. Vielleicht führt Ihr Hilfsangebot dahin, daß Fred sich Ihnen doch noch anvertraut. Ein solches offenes Gespräch kann weit mehr bedeuten als bloße

Erleichterung oder Trost. Sie brauchen sich dabei nicht als Therapeut zu betätigen. Zuhören genügt oft schon, um Veränderungen zu bewirken.

Überweisung an externe Spezialisten

Meistens wird dieser Schritt eine Ermessensfrage sein, doch es gibt einige Anhaltspunkte für eine solche Entscheidung. Die folgende Checkliste zur Beurteilung eines gefährdeten Mitarbeiters ist zwar nicht vollständig, liefert jedoch nützliche Anleitungen für die Praxis.

1. Der Mitarbeiter ist auffallend aggressiv gegen andere oder droht mit Selbstmord.
2. Der Mitarbeiter ist über längere Zeit sichtlich deprimiert und apathisch oder zeigt starke Stimmungsschwankungen zwischen Euphorie und Niedergeschlagenheit.
3. Der Mitarbeiter behauptet, er werde ausspioniert, verfolgt, daß ein Komplott gegen ihn im Gange sei — und das ist nachweislich nicht der Fall.
4. Der Mitarbeiter ist häufig krank. Sein Atem riecht nach Alkohol, er hat unnatürlich geweitete Pupillen.
5. Der Mitarbeiter wird häufig bei Lügen über seinen Aufenthalt und seine Tätigkeit ertappt.
6. Der Mitarbeiter hat oft keine Kontrolle mehr über seine Körpermotorik und stellt so eine Gefahr für sich und die Kollegen dar.

Diese äußeren Anzeichen müssen jedoch mit Vorsicht interpretiert werden. So kann ein Diabetiker durchaus mit einem Betrunkenen verwechselt werden. Bei erkennbarem Dorgenmißbrauch sollten Sie allerdings den Mitarbeiter sofort nach Haus schicken, am besten per Taxi. Versuchen Sie nie, mit einem angetrunkenen oder unter Drogen stehenden Mitarbeiter zu diskutieren. Aber unterhalten Sie sich unbedingt mit ihm sofort am nächsten Morgen.

Ihre Bemerkung könnte so lauten: »Joe, ich weiß nicht, was für Probleme Sie haben, aber das geht nun schon über einen Monat so. Wollen Sie nicht einmal mit dem Vertrauensarzt sprechen?«

Vielleicht gibt es in Ihrem Unternehmen auch einen Mittelsmann vom Betriebsrat, der für solche Fälle zuständig ist. Wenn nicht, fragen Sie Kollegen und Vorgesetzte nach Adressen von Anlaufstellen. Notfalls bitten Sie Ihren Mitarbeiter, seinen eigenen Arzt aufzusuchen.

Die Delegation schwerwiegender Probleme wie Alkohol- und Drogenmißbrauch stellt leider meist keine Lösung des Problems dar. Die Erfolgsquoten der Hilfsprogramme sind gering, die Rückfallquoten hoch. Die Entscheidung, wie lange Sie einen gefährdeten Mitarbeiter »mitziehen«, kann Ihnen niemand abnehmen. Hier eine Faustregel: Wenn sich innerhalb eines halben Jahres keine Änderung zum Besseren abzeichnet, sollten Sie sich von dem Mitarbeiter trennen.

Vermeiden Sie die Abhängigkeitsfalle!

Da wir alle gute, verständnisvolle Menschen sein wollen, leisten wir gern Hilfe. Da die meisten von uns ein gesundes Ego besitzen, fühlen wir uns in der Rolle des Problemlösers wohl. Beides zusammen kann jedoch den netten, wohlmeinenden Manager geradewegs in die Abhängigkeitsfalle führen.

Mitarbeiter: Mr. Smith, Sie sind doch Auto-Experte. Meine alte Karre, die ich von meinem Vater übernommen habe. ist dabei, ihren Geist aufzugeben. Ich muß mir ein anderes Auto kaufen, und ich habe keine Ahnung von so was. Können Sie mir nicht einen Tip geben, was für eins ich kaufen soll?

Chef: Aber gern, Willi. Die kleinen japanischen sind gute Gebrauchtwagen. Gehen Sie doch mal zu Leo's Automarkt in der Müllerstraße, der hat immer gute Angebote. Sagen Sie ihm, daß Sie von mir kommen.

Mitarbeiter: Vielen Dank, Mr. Smith. Ich fahre nachher gleich hin.

Chef: Gern geschehen. Viel Erfolg, Willi.

Nachdem Willi das Chefbüro verlassen hat, lehnt sich unser Manager zurück und sonnt sich in seiner Kompetenz als Problemlöser. Doch Willi kommt noch fünfmal mit Detailfragen. Und das kleine japanische Auto entpuppt sich als eine von Leo's Zitronen. Und Willi macht seinen Boss ohne weiteres für den Fehlkauf verantwortlich. In diesem Moment wünscht sich der nette Vorgesetzte bloß noch, er hätte den Mund gehalten. Er hat sich zu einer Vaterfigur stilisiert, und Jung-Willi hat sich bereitwillig in die Kindrolle begeben.

Wie können Sie nun vermeiden, daß Ihre Mitarbeiter in Abhängigkeit geraten und Ihnen mit persönlichen Problemen die Zeit stehlen? Hier ein Musterdialog:

Willi: … Könnten Sie mir einen Tip geben, was für ein Auto ich mir kaufen soll?

Chef: Dazu möchte ich Sie erst etwas fragen, Willi. Halten Sie es für sinnvoll, Ihr jetziges Auto reparieren zu lassen?

Willi: Ich glaube nicht, Mr. Smith. Das Getriebe ist hin, und die Karosserie rostet überall. Nein, das würde sich nicht lohnen.

Chef: Aha. Wie groß sollte Ihr Auto denn sein?

Willi: Ein kleines genügt. Ich fahre ja nur zur Arbeit damit oder abends mal in die Stadt. Natürlich würde mir ein dicker Wagen gefallen. Glauben Sie, ich könnte mir so einen leisten, Mr. Smith?

Chef: Da müssen Sie sich selbst fragen, Willi, ob Sie sich einen großen Wagen leisten können.

Willi: Na ja, ich habe ein bißchen was gespart, das würde für eine Anzahlung reichen. Aber die monatlichen Abzahlungen dürften nicht zu hoch sein. Ich muß wohl bei einem Kleinwagen bleiben.

Chef: Nun, dann sind Sie Ihrer Problemlösung ja sehr viel näher gekommen.

Willis Fragen werden mit weiteren Fragen beantwortet, die einen Denk- und Entscheidungsprozeß bei ihm in Gang bringen. Er verläßt das Büro seines Chefs mit konkreten Vorstellungen. Und was noch wichtiger ist: Willi hat das Gefühl, selbst eine Entscheidung getroffen zu haben.

Dieser Aspekt der Hilfe zur Selbsthilfe ist ausschlaggebend für gute Personalgespräche. Auch wenn solche Gespräche Sie etwas mehr Zeit kosten — es lohnt sich, weil Sie auf diese Weise eigenverantwortliche, reife Mitarbeiter erziehen.

4. Schritt: Lassen Sie sich eine konkrete Verhaltenszusage geben

- Je nach der Bedeutung des Falls sowie der Kooperationsbereitschaft des Mitarbeiters sind von Ihrer Seite folgende fünf Aktionsstufen nötig:

1. Der Mitarbeiter ist *von sich aus* — freiwillig! — zu einer Verhaltensänderung bereit, die zur Problemlösung beiträgt.
2. Sie *schlagen einen Weg vor*, der zur Problemlösung führt.

3. Sie *bitten* den Mitarbeiter, das entsprechende Verhalten zu zeigen.
4. Sie *fordern* den Mitarbeiter *auf*, das entsprechende Verhalten zu zeigen. Sie erklären genau, was für Konsequenzen es hat, wenn der Mitarbeiter nicht dazu bereit ist.
5. Sie *führen diese Konsequenzen durch* — bis hin zur Kündigung.

- Wenn Disziplinarmaßnahmen notwendig werden, befolgen Sie streng den in Ihrem Unternehmen bzw. vom Gesetzgeber *vorgeschriebenen Weg*. Bevor Sie jemanden entlassen, machen Sie ihm ein ehrliches *Hilfsangebot*.

- Wenn alle anderen Mittel versagen, *kündigen* Sie dem Mitarbeiter. Kündigungsgrund kann nur das *Verhalten*, nicht der Charakter des Mitarbeiters sein. Sie kündigen, weil Ihnen *keine andere Wahl bleibt*, Sie kündigen mit *Bedauern*, aber *endgültig*.

Musterdialog: »Der König der Waschsalons«

Der folgende Dialog zeigt, wie ein durchsetzungsfähiger Chef und ein Mitarbeiter gemeinsam eine Problemlösung erarbeiten können. Achten Sie vor allem darauf, wie der Vorgesetzte durch geschicktes Fragen und vorurteilsloses Zuhören die Entscheidungsfindung herbeiführt.

Mark Jones saß allein in seinem Büro in der Zentrale einer großen Einzelhandelskette. Er dachte an seine Besprechung am nächsten Tag mit Fred Brown, einem Assistenten seines Produktmanagers. Fred hatte ein ziemlich ungewöhnliches Problem.

Fred Brown war 45 Jahre alt und seit 22 Jahren im Unternehmen. Er hatte ganz unten angefangen und sich durch Einsatz und Kreativität zum stellvertretenden Produktmanager hochgearbeitet. Die Beurteilungen in seinem Personalbogen waren ausgezeichnet. In seiner Freizeit hatte Fred eine Ausbildung zum Diplom-Kaufmann begonnen, diese jedoch nach der Geburt seines dritten Kindes abgebrochen.

Vor fünf Jahren — drei Jahre vor Marks eigener Ernennung zum Geschäftsführer — war Fred bei der Beförderung zum Produktmanager übergangen worden. Man hatte ihm eine zehn Jahre jüngere Frau vorgezogen, die erst seit drei Jahren in der Firma war. Sie konnte jedoch ein Universitäts-Diplom vorweisen sowie eine zweijährige Tätigkeit in verantwortungsvoller Position bei einem Konkurrenzunternehmen.

Mark Jones wußte, daß Fred über die Zurücksetzung äußerst erbost war. Seine Erbitterung schlug sich zunächst in häufigen Klagen über jene Frau nieder, während seine Leistungen nach wie vor exzellent waren. Allmählich ließ Fred jedoch erkennbar nach. Er saß zwar seine Stunden getreulich ab, aber Mark hatte »hinterherum« erfahren, daß Fred einen Waschsalon erworben hatte und diesem einen beträchtlichen Teil seiner Zeit und Energie widmete.

Im Lauf der letzten drei Jahre hatte Fred mit drei weiteren Waschsalons eine kleine Kette errichtet. Obwohl er sich im Unternehmen nichts zuschulden kommen ließ, hörte man ihn oft »privat« in eigener Sache telefonieren. Er fehlte bei einigen Konferenzen, in denen es um neue Produktstrategien ging, doch in den entscheidenden Besprechungen war er stets zur Stelle. Wirklich problematisch wurde die Situation erst, als Fred sich immer öfter kurzfristig krank meldete. Seit Jahresbeginn hatte er insgesamt siebzehn Krankheitstage angesammelt.

Mark hatte beschlossen, mit Fred zu sprechen, bevor das Problem ernste Ausmaße annähme. Und jetzt bereitete er sich innerlich auf das Gespräch vor.

Am nächsten Morgen kurz nach neun Uhr erschien Fred Brown in Marks Büro.

Mark: Guten Morgen, Fred. Setzen Sie sich doch. Wie geht's?

Fred: Danke, gut, Mr. Jones. Was gibt's denn?

Mark: Ja, Sie fragen sich natürlich, warum ich Sie hergebeten habe. Die Antwort ist: Ich sehe ein Problem. Ich weiß, Sie haben sich nebenher in Waschsalons engagiert, und das nimmt Sie sehr in Anspruch. Das scheint ja sehr gut zu laufen, wie?

Fred: Stimmt, ich bin recht zufrieden. Anfangs hatte ich so meine Schwierigkeiten, aber jetzt läuft der Laden prima.

Mark: Das freut mich zu hören, Fred. Aber eigentlich wollte ich mit Ihnen nicht über Ihre Waschsalons sprechen. Mein Problem ist, daß Sie Ihre Energie offenbar zu sehr in dieses Unternehmen stecken. Sie hatten zum Beispiel in diesem Jahr bereits siebzehn Tage Fehlzeit wegen Krankheit. Das ist ungewöhnlich bei Ihnen, Fred. Früher haben Sie sich so gut wie nie krank gemeldet.

Fred: Wollen Sie mir unterstellen, daß ich gar nicht krank war, Mr. Jones? Sie sagen ja selbst, daß ich in den ganzen 22 Jahren stets auf dem Posten war. Letzten Winter hatte ich eine hartnäckige Grippe. Sie wissen, daß fast alle Kollegen darunter zu leiden hatten.

Mark: Sicher weiß ich das, Fred, und ich möchte Ihnen nichts unterstellen. Aber ich weiß auch, wie sehr Sie sich für Ihre Waschsalons engagieren.

Fred: Gut, ich habe mich öfter krank gemeldet als sonst. Und Sie denken, ich hätte mich in der Zeit um meine Waschsalons gekümmert, stimmt's?

Mark: Das kann ich nicht beurteilen. Ich kann nur sagen, daß Ihre privaten Unternehmungen Sie sehr ausfüllen und befriedigen.

Fred: Das stimmt. Ich finde, ich habe in diesem Betrieb gute Arbeit geleistet — sogar nachdem ich damals bei der Beförderung übergangen wurde. Man hat mir diese superschlaue Sally Randle vor die Nase gesetzt. Im Grunde hätte ich den Job bekommen müssen.

Mark: Ich kann Ihre Enttäuschung und Verärgerung gut verstehen, Fred. Jawohl, Sie waren ein ausgezeichneter Mitarbeiter. Aber jetzt scheinen Sie sich mehr für Ihre Waschsalons zu interessieren, und auch das kann ich verstehen — schließlich haben Sie da schöne Erfolge zu verzeichnen.

Fred: Genau, und ich bin stolz darauf. Ich habe da viel Arbeit investiert. Und mir war gar nicht bewußt, daß ich meinen Job hier vernachlässigt habe. Aber wahrscheinlich haben Sie recht. Heißt das, Sie wollen mir jetzt kündigen?

Mark: Keineswegs, Fred. Aber ich gebe zu, daß ich mir Gedanken mache. Darüber möchte ich mit Ihnen sprechen. Sehen Sie eine Lösungsmöglichkeit, Fred?

Fred: Nun ja — darüber müßte ich erst nachdenken. Momentan fällt mir nur ein, daß ich jemanden einstellen könnte, der sich um die Waschsalons kümmert, vielleicht auf Teilzeitbasis — jemand, der die Geldautomaten leert, die Maschinen wartet und dergleichen. Bislang habe ich das alles nebenher selbst gemacht. Aber so ein Mitarbeiter würde mich sicher sehr entlasten.

Mark: Das halte ich für eine gute Idee. Fällt Ihnen vielleicht sonst noch etwas ein, das unser Problem lösen könnte?

Fred: Ja, da wäre noch etwas. Ich wollte eigentlich schon längst mit Ihnen darüber sprechen. Sie wissen, daß ich seit 22 Jahren in der Firma bin, und ich habe die ganze Zeit in die betriebliche Pensionskasse eingezahlt. Da meine Waschsalons so gut laufen, könnte ich irgendwann in Frührente gehen. Vielleicht kann mir die Firma eine Art Abfindung zahlen. Wenn ich es mir recht überlege, liegt mein Hauptinteresse inzwischen tatsächlich bei meinem eigenen Unternehmen. Aber wenn ich von mir aus kündigte, wäre meine Rente ziemlich mager. Was meinen Sie — könnten wir da irgendwie zusammenkommen?

Mark: Das halte ich durchaus für möglich, Fred. Ich werde mal mit dem Personalleiter darüber reden.

Fred: Das fände ich wirklich großartig, Mr. Jones.

Am 31. Dezember desselben Jahres, sechs Monate nach diesem Gespräch verließ Fred Brown den Betrieb. Von Unternehmensseite erhielt er zusätzlich ein volles Jahresgehalt. Fred bedankte sich herzlich bei Mark Jones, beide Seiten waren mit der Problemlösung zufrieden.

Klare Führung löst Probleme: Der symbolische harte Schnitt

Stellen Sie sich vor, Sie treten die Nachfolge eines nachgiebigen Managers in einer Versicherungsgesellschaft an. An Ihrem ersten Arbeitstag sehen Sie sich einer Truppe von 35 unzufriedenen, ständig krank feiernden, nachhaltig demotivierten Mitarbeitern gegenüber. In dem Moment, in dem Sie Ihre Abteilung betreten, ist Ihnen klar: Dieser Job ist die Hölle. Schon am ersten Vormittag stehen zehn Mitarbeiter vor Ihrem Schreibtisch und beklagen sich über unmögliche Kollegen. Eins ist Ihnen klar: Wenn Sie nicht sofort etwas unternehmen, werden Sie auf diesem Posten nicht alt.

Gegen halb vier kommt ein Angestellter aus der Mittagspause zurück: Er ist sichtlich stark angetrunken. Am nächsten Morgen hat er seine Kündigung auf dem Schreibtisch. Die ganze Abteilung jubelt Ihnen zu, Sie sind der Held des Tages.

In diesem Szenario hat der Manager durchgegriffen und eine heilsame — und notwendige — Initiative ergriffen: Er hat den erstbesten Störfaktor in einer chaotischen, demotivierten Situation eliminiert. Die Mitarbeiter sehnten sich geradezu nach einer festen Hand, nach einer Entscheidung — egal, welche.

Die Taktik der symbolischen, Zeichen setzenden Kündigung ist dann angeraten, wenn Sie eine aus dem Ruder gelaufene Situation unter Kontrolle bringen wollen. Sie signalisieren damit der ganzen Belegschaft, daß Sie vor notwendigen — auch harten — Entscheidungen nicht zurückschrecken. Eine einzige »symbolische« Kündigung kann die Abteilung augenblicklich zur Vernunft bringen. Und Sie selbst gewinnen den Nimbus des Machers, vielleicht sogar das Charisma einer Führungspersönlichkeit.

Allerdings sind auch hier einige Warnungen angebracht. Die symbolische Kündigung darf nicht zu einem generellen Aderlaß führen. Sie kann keine Dauerstrategie sein, sondern nur eine kurzfristige Taktik, die Ihnen auf die schnelle Respekt und eine Atempause verschafft. Natürlich müssen Sie die Probleme, die Ihr Vorgänger Ihnen hinterlassen hat, grundlegend angehen.

Zweitens sollten Sie bei einer schnellen Kündigung oder anderen harten Disziplinarmaßnahmen nicht nach dem Zufallsprinzip verfahren. Es müssen wirklich stichhaltige Gründe vorliegen. Ihr Vorteil besteht darin, daß Sie echte Querulanten und Störer sofort erkennen, weil diese sich meist auf den neuen Chef stürzen, um ihn zu testen.

Drittens sollte eine symbolische Kündigung effizient, professionell und ohne Zögern durchgezogen werden. Wenn Sie beschlossen haben, sich von einem problematischen Mitarbeiter zu trennen, um die Arbeitsmoral der anderen zu heben, dürfen Sie diese Entscheidung auf gar keinen Fall zurücknehmen. Das heißt, sie muß rundherum abgesichert sein. Ansonsten verlieren Sie für immer Ihre Glaubwürdigkeit.

Nachdem Ludwig Liebmann Ihr Büro verlassen hat, bringen Sie folgende Notiz zu Papier: »Gespräch Liebmann: Marys Beschwerde. L.: angeblich alles ein Mißverständnis, hat sie mit Aktenordnern angestoßen. Will noch heute mit Mary sprechen. Datum.«

Später am Tag kommen Sie zufällig an Mary Reillys Schreibtisch vorbei und erkundigen sich: »Übrigens, Mary, hat Liebmann mit Ihnen gesprochen? Er sagte mir, daß er das vorhätte.«

Mary erwidert: »Ja, er hat sich bei mir entschuldigt — das Ganze sei ein Mißverständnis gewesen, und es würde nicht wieder vorkommen. Ich weiß zwar nicht, ob ich ihm das glauben soll, aber ich sehe seinen guten Willen. Ich betrachte die Sache als erledigt. Und danke, daß Sie mit ihm geredet haben, Mr. Smith.«

Daraufhin machen Sie auf Ihrem Zettel eine Notiz über diese kurze Unterredung.

Gesprächsnotizen gehören sicher zu den lästigen, zeitraubenden Tätigkeiten des Managers. Dennoch sind sie unerläßlich, falls es einmal zu ernsten Differenzen kommt.

Die Grundregel lautet: In problematischen Situationen alles und über jeden notieren. »Alles« bedeutet: Jeden noch so geringfügigen Verstoß, jedes Fehlverhalten von Anfang an, von gewohnheitsmäßigem Zuspätkommen um wenige Minuten bis hin zu schweren Verstößen. »Über jeden« will heißen, daß Sie alle Ihre Mitarbeiter ohne Ausnahme gleich behandeln. Wenn nämlich bei gerichtlichen Auseinandersetzungen der Gegner beweisen kann, daß das gerügte Fehlverhalten bei seinen Kollegen hingenommen wurde, verlieren Sie den Prozeß höchstwahrscheinlich. Ihr Kontrahend könnte sogar wegen dieser Benachteiligung Gegenklage erheben.

Solange Sie auf eine gütliche Einigung hinarbeiten, brauchen Ihre Notizen nicht allzu ausführlich oder formal vollendet sein. Selbst sporadische Beobachtungen, flüchtig auf Zetteln festgehaltene Vorfälle und Gesprächszitate gelten als Beweis, sofern sie datiert, signiert und einigermaßen ordentlich abgelegt sind.

Wenn Ihre informellen Lösungsversuche jedoch fehlgeschlagen sind, muß Ihre Dokumentation den Regeln entsprechen, wie sie vom Gesetz oder von firmeninternen Anweisungen vorgeschrieben sind. Falls Ihr Unternehmen eine Rechtsabteilung oder einen Rechtsberater hat, sollten Sie diese konsultieren, bevor Sie beispielsweise eine schriftliche Abmahnung verfassen.

Denken Sie daran: Der kluge Mann baut vor. Ständige Gesprächsnotizen mögen Ihnen übertrieben vorkommen, aber im Ernstfall sind sie Gold wert.

Nehmen Sie sich Zeit!

Immer wieder klagen Manager darüber, daß problematische Mitarbeiter sie zuviel Zeit kosten — Zeit, die sie anderweitig nutzbringender verwenden könnten. Natürlich haben sie recht. Doch lassen Sie sich dadurch nicht zu Vermeidungsverhalten verleiten nach dem Motto: »Ich müßte endlich wegen Fred etwas unternehmen, aber ich habe einfach nicht die Zeit dazu.«

Wir befassen uns in diesem Buch zwar mit negativem Mitarbeiterverhalten, doch wir sollten darüber nicht die positiven Dinge aus dem Auge verlieren. Wenn jemand eine gute Leistung erbringt, dann muß er dafür gelobt werden, und Sie müssen eine entsprechende Notiz in einer Personalakte machen.

Diese Unterlagen können sodann die Basis für Ihre regelmäßige Mitarbeiterbeurteilung bilden. Die Form der Mitarbeiterbeurteilung anhand von konkreten Fällen gewinnt in allen Bereichen der Industrie und Verwaltung an Beliebtheit. Sie bietet zwei entscheidende Vorzüge: Sie ist für den Mitarbeiter nachvollziehbar, und sie ist gerecht. Es handelt sich um eine sehr einfache Methode. Zunächst legen Sie für jeden Mitarbeiter eine Akte in der beschriebenen Form an. Sodann führen Sie auf der Grundlage Ihrer Notizen regelmäßige Gespräche, am besten zweimal pro Jahr. Sie können zusätzlich eine Bewertungsskala mit fünf oder sechs Stufen einführen, auf der Sie zusammen mit dem Mitarbeiter sein Verhalten einordnen.

Die meisten Mitarbeiter stehen dieser Methode positiv gegenüber, denn so bekommen sie ein regelmäßiges und ganz spezifisches Feedback. Manager schätzen sie, weil damit die Beurteilungsgespräche versachlicht werden. Die kritische Fallanalyse ist somit ein ausgezeichnetes Führungsinstrument, das auf langfristige Leistungsverbesserung abzielt.

Fassen Sie nach!

In den meisten Fällen ist das Problem nicht damit gelöst, daß Ihr Mitarbeiter zukünftiges Wohlverhalten verspricht und Sie diese Zusage in einem Aktenvermerk festhalten. Gehen wir noch einmal zu unserem Herrn Liebmann zurück. Er hat versprochen, noch am selben Tag mit Mary zu sprechen. Das tat er jedoch nicht — aus welchen Gründen auch immer. Auch Tage später gibt Mary auf Befragen die Auskunft, daß Liebmann die Angelegenheit nicht bereinigt hat.

Nun wird ein weiteres Gespräch mit Liebmann notwendig.

Chef: Herr Liebmann, ich habe vorhin mit Mary Reilly gesprochen. Sie sagte mir, daß der Vorfall in der Teeküche mit Ihnen noch immer nicht beigelegt ist. Gehen Sie die Sache doch bitte sofort an, ja?

Liebmann: Tut mir leid, Chef. Ich habe das einfach vor mir hergeschoben — mir ist die Sache ziemlich peinlich, müssen Sie wissen. Aber ich erledige das noch heute. Ich denke, ich sehe das jetzt etwas gelassener. Danke, daß Sie mich daran erinnert haben.

Der Vorgesetzte hat jetzt eine eindeutige Aufforderung ausgesprochen. Er setzt seine Autorität ein.

Dieses »Nachfassen« ist eine weitere wichtige Strategie zur Problemlösung, und ebenso wie Gesprächsnotizen ist sie unangenehm und zeitraubend. Halten Sie Ihren Ärger im Zaum, wenn Sie entdecken, daß der Mitarbeiter hinauszögert, sich drückt. Die Versuchung, ihn auf traditionelle Weise »zusammenzustauchen«, kann mitunter schier unwiderstehlich werden. Der erfolgreiche Manager widersteht solchen kindischen Anwandlungen *unter allen Umständen.* Er bleibt beherrscht, gelassen, professionell.

Spiele der Mitarbeiter

Viele Mitarbeiter sind nicht nur geschickt im Vertuschen ihrer Fehlleistungen, sie sind auch Experten in dem Spiel mit Namen »Managen wir den Manager«: Ein ausgeklügeltes psychologisches Spiel, bei dem die Schwächen des Chefs schamlos ausgebeutet werden, er oder sie in die Defensive gedrängt wird, während die Mitarbeiter lustig weitermachen.

Der erfahrene Vorgesetzte erkennt schnell solche Grundmuster, von denen einige im folgenden beschrieben sind, und hält dagegen. Überraschenderweise reagieren Mitarbeiter jedoch sehr kreativ auf solche Gegenmaßnahmen und erfinden sofort neue Varianten.

»Ich fange an zu schreien und auf den Boden zu trampeln, daß Ihnen angst und bange wird.« Dies ist der altbekannte kindliche Wutanfall. Der Mitarbeiter kommt zu spät zur Arbeit, doch anstatt sich unauffällig an seinen Schreibtisch zu schleichen, wirft er mit aggressiven Blicken um sich — vor allem in Richtung des Chefs. Manchmal hat die Angriffslust äußere Quellen — etwa einen morgendlichen Ehestreit —, doch oft ist dies Taktik. Ein schwacher Manager wird sich sofort erschrocken fragen: »Was haben wir ihm angetan, daß er so aufgebracht ist?«

Ein Gegensteuern ist nicht leicht, denn wir reagieren auf Angriff meist mit Gegenangriff. Und genau damit rechnet der andere. Bleiben Sie absolut ruhig, sprechen Sie den Mitarbeiter *sofort* an, aber verlegen Sie das Gespräch mit ihm auf *später.* Sollte der Mitarbeiter selbst dann noch wüten und schimpfen, beenden Sie das Gespräch kurzerhand: »Tut mir leid, aber auf dieser Ebene kann ich nicht mit Ihnen kommunizieren. Wir sehen uns wieder, wenn Sie sich etwas beruhigt haben.«

Damit signalisieren Sie, a) daß Wutausbrüche zu nichts führen, b) daß Ihr Mitarbeiter sich dem Problem irgendwann stellen muß. Meistens kommt Ihr Gegenüber dann sehr schnell zur Vernunft.

»Ich provoziere einen Auftritt.« Bei diesem Spiel wird oft ein Kollege eingebracht, dessen Anwesenheit beim Gespräch gefordert wird, »um diese Angelegenheit ein für allemal zu klären«. Manchmal steht der echte Wunsch nach Klärung dahinter, aber oft leider doch die Absicht, die Geschichte durch eine heftige Auseinandersetzung hoffnungslos zu vernebeln. Wenn jemand sich wirklich etwas hat zuschuldenkommen lassen, wird er mitunter eine Konfrontation dazu benutzen, einen Kollegen anzugreifen und einzuschüchtern.

Sie als Vorgesetzter mögen sich der Illusion hingeben, daß eine Gegenüberstellung zur Klärung beiträgt. Dieser Glaube ist schlicht falsch. Wenn Ihr Mitarbeiter eine solche Gegenüberstellung verlangt, geben Sie dem nicht nach. Sagen Sie etwa: »Das halte ich nicht für sinnvoll, Fred. Ich möchte jetzt mit *Ihnen* über das Problem sprechen, mit Sally spreche ich später.« Auf diese Weise lassen Sie Fred wissen, daß Sie die Vorgehensweise bestimmen — nicht er.

Wenn Fred angriffslustig ist, könnte er entgegnen: »Unterstellen Sie mir etwa, ich hätte Sally angefaßt?« Sie sollten ganz gelassen antworten: »Ich unterstelle hier niemandem etwas. Ich war in der Situation nicht dabei, aber ich muß die Sache klären.«

»Ich schicke Ihnen einen angeschnittenen Ball.« Der angeschnittene Ball besteht in unerwarteten Konsequenzen, die den Vorgesetzten in Schwierigkeiten bringen können. Im Liebmann-Fall könnte er so aussehen: »Ich habe absolut nichts gemacht. Mary hat das Ganze frei erfunden, um sich

an mir zu rächen, weil wir neulich eine Meinungsverschiedenheit hatten.«

An diesem Punkt können Sie als Chef nicht entscheiden, wo die Wahrheit liegt. Aber das ist hier auch nicht wichtig. Sie müssen nur die Rolle des objektiven, nicht aburteilenden Problemlösers spielen und das Gespräch sachlich zu Ende führen: Falls Liebmann die Wahrheit sagt, wird der nächste Schritt ohnehin in einem Versuch der Bereinigung bestehen: Liebmann spricht mit Mary.

Falls Liebmann die Technik des angeschnittenen Balls einsetzt und den Manager in Zugzwang bringen will, wird er jemand anderen — hier: Mary — beschuldigen. Damit will er den Vorgesetzten auf seine Seite ziehen. Damit Sie als Chef nicht ausmanövriert werden, müssen Sie wiederum neutral bleiben, d. h. Ihren Mitarbeiter weder bestätigen, noch beargwöhnen. Selbst wenn Ihr Gegenüber direkt fragt: »Sind Sie nicht auch meiner Meinung?«, sollten Sie weder ja noch nein sagen, sondern etwa: »Meine Aufgabe ist es nicht zu urteilen oder Stellung zu beziehen. Ich weiß nicht, was zwischen Ihnen und Mary vorgefallen ist. Ich möchte nur die Angelegenheit klären.«

»Das sage ich dem Betriebsrat!« Wenn Sie als Vorgesetzter strikt neutral bleiben, haben Sie von dieser Seite nichts zu fürchten. Im Gegenteil — der Betriebsrat wird Ihnen helfen, das Problem zu lösen. Mitunter wünschen Mitarbeiter bei so einem Gespräch die Anwesenheit eines Personalbeauftragten, weil sie Angst vor Strafe haben. Mit Ihrer Sachlichkeit und ehrlichen Hilfsbereitschaft sichern Sie sich die Achtung und Unterstützung des Personalrats.

Gespräche mit weiblichen oder benachteiligten Mitarbeitern

Man kann es drehen und wenden, wie man will — es gibt in der Arbeitswelt benachteiligte Gruppen. Ein schwacher Manager wird einer Konfrontation z. B. mit einer Mitarbeiterin ausweichen. »Sie reagiert bestimmt sehr emotional und fängt womöglich an zu weinen — und was mache ich dann?« Da Frauen, Ausländer und sonstige Benachteiligte keineswegs dümmer sind als andere, werden sie diese Schwäche ausnutzen.

Was tun Sie als Chef in einer solchen Situation? Natürlich dasselbe wie sonst auch: Sie setzen Ihre Problemlösungsstrategien ein. Allerdings sollten Sie sich hier besonders kritisch prüfen, ob Sie nicht doch Ihrem Gegenüber ganz bestimmte Motive unterstellen.

Besonders gerissene Mitarbeiter mögen ihre Benachteiligung ausspielen. Nehmen wir an, unser Herr Liebmann sei Türke. Dann könnte er folgendes sagen:

Liebmann: Das ist doch alles erfunden. Sie glauben, weil ich ein Ausländer bin, können Sie das mit mir machen.

Chef: Das hat nichts mit Ihrer Nationalität zu tun. Eine Ihrer Kolleginnen hat sich über Sie beklagt, und dem muß ich nachgehen. Können Sie mir bitte sagen, was es damit auf sich hat?

Falls Sie ein weiblicher Vorgesetzter sind, wird man von Ihnen automatisch erwarten, daß Sie in einem Fall von sexueller Belästigung auf der Seite der Mitarbeiterin stehen. Das sollte Ihr Urteil nicht trüben. Eröffnungen wie die folgende sind nicht dazu angetan, eine vernünftige Problemlösung zu erreichen:

Chefin: Mary Reilly hat sich bei mir darüber beklagt, Herr Liebmann, daß Sie sie in der Teeküche belästigt haben. Sie sagt, daß sie Sie in keiner Weise ermutigt hat, und ich glaube ihr. Männer wie Sie machen uns Frauen ständig das Leben schwer, das muß aufhören. Sie werden sich sofort bei Mary entschuldigen, Liebmann. Und wenn so etwas noch einmal vorkommt, geht es nicht mehr so glimpflich für Sie ab, das garantiere ich Ihnen.

Obwohl die Chefin versucht, hart durchzugreifen, wird sie langfristig keinen Erfolg haben. Liebmann mag zwar momentan gehorchen, aber er fühlt sich ungerecht behandelt und wird auf Rache sinnen.

In Fällen wie diesem — sexuelle Belästigung am Arbeitsplatz und ähnliches — sollten Sie sich auf das Mitarbeitergespräch noch sorgfältiger als sonst vorbereiten. Überlegen Sie genau, was Sie sagen werden. Selbst wenn der Mitarbeiter sich noch so unmöglich verhalten hat, ist Ihre Aufgabe nicht die des Richters. Sie müssen das Problem lösen, und sonst gar nichts.

5. Schritt: Gesprächsnotizen und Nachfassen

- Notieren Sie *jeden* mißlichen Vorfall, *jeden* Regelverstoß bei *jedem* Ihrer Mitarbeiter. Anfangs genügen kurze Stichworte.
- *Fassen Sie* jedes einschlägige Gespräch anschließend *schriftlich zusammen*, besonders die Beschlüsse.
- *Kontrollieren Sie*, ob die zugesagten Aktionen Ihres Mitarbeiters auch ausgeführt werden.
- Achten Sie auf die *Spiele der Mitarbeiter*, die Sie verwirren und ablenken sollen.
- Bleiben Sie in Gesprächen mit Frauen — oder Männern, falls Sie eine Chefin sind — und anderen Benachteiligten bei Ihrer sachlichen Durchsetzungsstrategie. Bereiten Sie diese Gespräche besonders sorgfältig vor.

Musterdialog:
»Jerry, der betrunkene Zimmermann«

Gregory Gärtner kaufte 1973 einen zweistöckigen Altbau aus Ziegelstein. Das Haus besaß eine solide Bausubstanz und war immer bewohnt gewesen. An der Südseite befand sich jedoch eine hölzerne Veranda mit geschnitztem Geländer, die sehr baufällig war. Gärtner erkundigte sich im Freundeskreis nach einem fähigen Bauschreiner.

Carl Smith, ein Nachbar, kannte einen: »Frag doch mal Jerry Fryer, Gregory, hier ist seine Telefonnummer. Er ist sehr gut, aber er trinkt ziemlich. Da mußt du aufpassen.«

Jerry kam und sah sich die Veranda an. Er machte einen kompetenten Eindruck, und nüchtern war er auch. Es wurde ausgemacht, daß Jerry die Veranda innerhalb von fünf Tagen in etwa 25 Arbeitsstunden herrichten sollte.

Drei Wochen später war die Veranda immer noch nicht fertig. Jerry hatte sich von Gärtner eine Anzahlung geben lassen und war daraufhin für eine Woche verschwunden. Als Jerry dann auftauchte und mit der Arbeit begann, erzählte er Gregory Gärtner, er habe eine kranke Verwandte in einer anderen Stadt besucht. Jerry selbst sah auch nicht gerade gesund aus, er war unrasiert, sein Gesicht wirkte aufgedunsen. Immerhin machte er sich ans Werk.

Während der nächsten zwei Wochen erschien Jerry zu unregelmäßigen Zeiten. Die Arbeit ging schleppend voran. Am Ende der dritten Woche setzte Gregory schließlich ein Ultimatum: Innerhalb einer Woche müßte die Veranda fertig sein, sonst bekäme Jerry sein restliches Geld nicht. Jerry maulte und jammerte, brachte aber die Arbeit pünktlich zum Abschluß.

Als Gergory seinem Nachbarn Carl die Geschichte erzählte, reagierte der betroffen.

Gregory: Was machst du denn für ein Gesicht, Carl? Du siehst aus, als hättest du eine Kröte geschluckt!

Carl: Ich mache mir Vorwürfe, weil ich dir Jerry empfohlen habe, Gregory. Du hättest ihm keinen Vorschuß geben dürfen.

Gregory: Das ist doch nicht deine Schuld, Carl …

Carl: Nein, ich hätte dich warnen müssen. Daß Bauarbeiter viel trinken, weiß man ja. Aber Jerry ist ein ganz schlimmer Schluckspecht.

Gregory: Gut, daß ich wenigstens das Material selbst beschafft und ihm nicht noch Geld dafür vorgestreckt habe.

Carl: Ja, das war gut. Ich weiß, wie man solche Leute behandeln muß. Soll ich dir für die Zukunft ein paar Tips geben?

Gregory: Klar.

Carl: Erstens darfst du Jerry nie eine Aufgabe stellen, die ihn überfordert, die länger als einen Monat dauert. Zweitens: Gib ihm nie vorher Geld. Drittens: Mach von vornherein die Stunden aus, die er braucht, und einen festen Preis für die Gesamtleistung. Das ist nämlich ein beliebter Trick: Plötzlich gibt es Komplikationen, und du zahlst die doppelte Stundenzahl. Lieber zu Beginn etwas mehr Zeit für eindeutige Abmachungen investieren, als nachher den Ärger haben. Sprich die Probleme bei Altbausanierungen offen an, damit Jerry auch genau hinsieht. Wenn dann wirklich größere Schwierigkeiten auftauchen, die nicht vorauszusehen waren, kannst du immer noch etwas drauflegen.

Gregory: Das habe ich gemacht. Wir hatten 25 Stunden vereinbart, und mehr habe ich auch nicht gezahlt.

Carl: Richtig. Noch etwas: Schließ für jeden Auftrag einen Vertrag, den Jerry unterschreiben muß. Ich lege immer einen Termin fest, bei dem ich allerdings die Wetterverhältnisse berücksichtige. Für jeden Tag, den Jerry überzieht, ziehe ich ihm eine bestimmte Summe ab, etwa zehn Prozent vom Gesamtpreis. Als Jerry zum erstenmal für mich arbeitete, wollte er mich genau da austricksen. Er hielt den Termin nicht ein und behauptete, er hätte Grippe gehabt. Dabei brauchte man ihn bloß anzusehen, um zu wissen, was für eine Grippe das war. Jedenfalls überzog er um eine Woche, und ich zog ihm fünfzig Prozent ab. Er jammerte und bettelte, aber ich blieb hart.

Gregory: Und — hat es etwas gebracht?

Carl: Auf jeden Fall. Immerhin versteht Jerry ja sein Handwerk. Also gab ich ihm ein paar Wochen später einen neuen Auftrag, er sollte mir eine Innenwand versetzen. Jerry zierte sich erst ein bißchen, aber dann kam er. Diesesmal versprach ich ihm allerdings eine Zulage von fünf Prozent für jeden Tag, den er eher fertig würde. Und siehe da — drei Tage vor dem festgelegten Termin war die Wand fix und fertig. Mit dem Geld verschwand er erst mal für drei Tage, und dann fragte er von sich aus, ob ich nicht wieder einen Job für ihn hätte. Ich sei zwar ein »harter Knochen«, wie er sich ausdrückte, aber ein fairer Auftraggeber. Seitdem kommen wir gut miteinander aus, nur darf ich nicht die Zügel lockerlassen. Er würde mich sofort über den Tisch ziehen.

Gregory: Das waren wertvolle Tips, Carl. In Zukunft mache ich es genauso.

Die Strategie der »Letzten Chance«

Die Rückfallquote bei Alkoholikern, Drogenabhängigen und sonstigen schwachen Charakteren ist selbst bei erfolgreichen Therapien hoch: Zwischen 40 und 70 Prozent. Für gutmeinende Manager ist es äußerst frustrierend, einem Problemfall nach langem Zureden endlich vom Nutzen einer Therapie überzeugt zu haben und diesen Menschen dann rückfällig werden zu sehen. Chronisches Suchtverhalten stellt die Geduld der Umwelt auf eine harte Probe. Meist zieht sich so etwas über Jahre hin, selbst wenn sich der gefährdete Mitarbeiter deutlich Mühe gibt.

Um dies zu vermeiden, greifen immer mehr Unternehmen zur Strategie der »Letzten Chance« und sichern diese mit einem beidseitigen Vertrag ab: Dem Mitarbeiter mit einer chronischen Schwäche wird die Kündigung oder eine andere drastische Maßnahme in Aussicht gestellt, falls er sich nicht endgültig zusammenreißt.

Der Wortlaut einer solchen Abmachung sollte natürlich mit dem Betreffenden und gegebenenfalls mit Ihrem Betriebsrat abgesprochen werden. Verantwortungsbewußte Arbeitnehmervertreter werden sich dem nicht entziehen.

Eine Warnung ist jedoch angebracht. Obwohl solche Abmachungen in der Praxis sinnvoll und oft erfolgreich sind, stellen sie keine juristische Absicherung dar. Beraten Sie sich auf jeden Fall mit Ihrem Rechtsbeistand.

Mustervertrag des Städtischen Wasserwerks in Portland, Oregon

Vereinbarung zwischen XY (Unternehmen) und NN (Mitarbeiter)

1. Es wird festgestellt, daß NN seinen im Arbeitsvertrag mit XY vom .... (Datum) vereinbarten Aufgaben nicht in zufriedenstellendem Maße nachkommt.
2. NN willigt in eine ärztliche Untersuchung ein. Das Ergebnis dieser Untersuchung bildet die Grundlage für eine Beurteilung, ob NN für diese Tätigkeit geeignet ist.
3. NN ist bereit, sich ggf. einer ärztlich verschriebenen Therapie zu unterziehen.
4. NN ist einverstanden, daß der Therapeut/Arzt Informationen an den Arbeitgeber weitergibt bzw. sich mit ihm berät. Die Informationen werden streng vertraulich behandelt.
5. Bei erfolgreicher Durchführung einer Therapie, d. h. nachdem NN ein Jahr lang seinen Aufgaben im Unternehmen in vollem Umfang nachgekommen ist, werden alle Daten, die diesen Vorgang betreffen, gelöscht.

Unterschriften: Unternehmen Mitarbeiter

Kapitel 9: Klares Management löst vielfältige Probleme

Wir beschäftigen uns in diesem Buch zwar hauptsächlich mit Personalproblemen, doch die Strategie des Durchgreifens ist auch auf andere Fälle anwendbar. Durchsetzungsfähigkeit ist ein grundlegender Wesenszug des Erfolgreichen.

Betrachten wir zum Beispiel terroristische Erpressungen. Hier ist Nachgeben fehl am Platz, die Erpresser werden dadurch nur ermutigt. Die harte Linie mag zunächst Opfer fordern, man wird sich schweren Vorwürfen stellen müssen, doch langfristig ist sie die einzig sinnvolle Strategie.

Dasselbe gilt für den Umgang mit Drogen. Kein Zweifel: Der Drogenkonsum nimmt weltweit zu. Auch hier besteht der erste Schritt darin, daß das Problem erkannt und benannt wird. Es wird nicht spontan verschwinden, wenn man die Augen davor verschließt.

Manche Lösungsansätze schwören hier auf die »harte Linie«: Ein populärer, oft autoritärer »Macher« nimmt sich der Angelegenheit an und verspricht schnelle Erfolge. Doch die Erfahrung lehrt, daß derartige Gewaltstrategien höchstens kurzfristig greifen. Auf lange Sicht wird man die Kontrahenten an einen Tisch bringen, sich gegenseitig für voll nehmen und gemeinsam nach konstruktiven Lösungen suchen müssen.

Ein anderes, weitverbreitetes Problemfeld ist private Überschuldung. Die Banken bieten großzügige Anschaffungskredite, und oft zeichnet sich schon bei einer geringfügigen Veränderung der persönlichen Verhältnisse eine Katastrophe ab. Meist steckt der Schuldner zunächst den Kopf in den Sand, reagiert nicht auf Mahnungen.

Auch hier helfen klare Abmachungen aus der Krise. Rufen Sie Ihren Gläubiger an und erklären Sie Ihre Situation. Bitten Sie um eine Atempause und schlagen Sie von sich aus einen neuen Tilgungsplan vor. Die Bank wird Ihr Verantwortungsbewußtsein sicher honorieren. Und Sie selbst befreien sich vom Druck Ihrer Schuldgefühle.

Vertrauen Sie den Kräften der Gruppe

In den meisten Unternehmen existieren informelle Gruppen und Teams. Der erfahrene Manager erkennt solche Gruppen sofort: Sie arbeiten selbständig, zuverlässig und eher im stillen. Sie besitzen oft eine starke informelle Führungsfigur, die auf einer Ebene mit den anderen steht. Sie haben Zugehörigkeitsgefühl und sind stolz auf ihr Team — manchmal geben sie ihrer Gruppe sogar einen Spitznamen oder ein Logo. Sie haben auch privat viel Kontakt untereinander. Und sie sind ein Segen für den Manager, der klug genug ist, die Gruppe sich selbst zu überlassen, solange die Ergebnisse stimmen.

Ein solches Team kann viele Probleme für Sie lösen, besonders in Fragen der Personalführung. Kontaktieren Sie die Führungsfigur und beziehen Sie sie ein, etwa so: »George, Sie haben sicher auch schon bemerkt, daß Harry in der letzten Zeit häufig zu spät kommt. Ich müßte mit ihm darüber sprechen, aber vielleicht wäre es besser, wenn Sie das tun.«

Damit erreichen Sie zwei Dinge: Erstens erkennen Sie die Bedeutung des informellen Führers an, zweitens betonen Sie Ihre eigene Autorität. Auf keinen Fall sollten Sie durch ungeschicktes Verhalten ein funktionierendes Team vor den Kopf stoßen.

Das letzte Mittel — die Kündigung

Dieses Thema haben wir bereits behandelt, doch ich möchte an dieser Stelle noch ein paar Anmerkungen machen. Das Thema ist emotionsbeladen und angstbesetzt — von beiden Seiten. Besonders unerfreulich wird die Sache, wenn es vor Gericht geht. Deshalb gebe ich Ihnen hier einige Warnungen an die Hand:

1. Machen Sie bei der Einstellung keine Zusagen über Aufstiegsaussichten. Bemerkungen wie: »Nach zwei Jahren werden Sie normalerweise befördert« sollten Sie sich verkneifen.
2. Wenn ein Mitarbeiter sich öffentlich negativ über Sie oder das Unternehmen äußert, verfolgen oder bedrohen Sie ihn in keiner Weise. Verwehren Sie ihm nicht den Zugang zu seinem Arbeitsplatz oder zu seinen sonstigen Privilegien. Vor allem: Kündigen Sie ihm nicht.
3. Wenn Ihr Unternehmen keinen offiziellen »Kündigungs-Leitfaden« besitzt, arbeiten Sie einen aus. Beraten Sie sich mit einem auf Arbeitsrecht spezialisierten Juristen, bevor Sie Ihren Leitfaden im Unternehmen publik machen.
4. Ist ein solcher Leitfaden eingeführt, lassen Sie im Ernstfall keinen der aufgeführten Schritte aus. Halten Sie sich streng an das einmal festgelegte Vorgehen.
5. Sprechen Sie bei der Kündigung eines Mitarbeiters nie persönliche Eigenschaften an. Sagen Sie also nicht: »Sie sind ein unverbesserlicher Störenfried«, selbst wenn es eindeutig stimmt.

6. Ignorieren Sie bei Disziplinarmaßnahmen und Kündigungen nicht die Meinung des Betriebsrats, der Personalabteilung oder Ihres juristischen Beraters. Oft kommen von dieser Seite wertvolle Ratschläge bzw. Warnungen.
7. Geradezu eine Todsünde wäre es, bei Strafmaßnahmen auf Geschlecht, Religion, Rasse, Nationalität, Gesundheitszustand oder Charaktereigenschaften des Mitarbeiters Bezug zu nehmen.

Zusammenfassung

Die Grundaussage dieses Buches ist kurz und positiv: Die weitaus meisten Probleme der Personalführung können durch frühzeitiges energisches Eingreifen gelöst werden. Es ist in jedem Fall besser, eine Initiative zu ergreifen, als den Dingen ihren Lauf zu lassen. Auf diese Weise verschaffen Sie sich Respekt und erzielen langfristige Erfolge.

Jeder Manager kann sich die erforderlichen Verhaltensweisen Schritt für Schritt aneignen. Die Voraussetzungen dafür besitzt praktisch jeder: Die Entschlußkraft, ein Problem anzugehen, sobald man weiß, auf welche Weise; Selbstbeherrschung in heiklen, emotionsgeladenen Situationen; Durchblick und Distanz, wenn Mitarbeiter unfaire Spielchen beginnen.

Hier sind noch einmal die fünf Schritte:

1. Bitten Sie den entsprechenden Mitarbeiter zu einem Gespräch. Behandeln Sie ihn höflich und auf der Erwachsenen-Ebene.
2. Benennen Sie das Problem sachlich und wertfrei. Dies ist der Punkt, der über Erfolg oder Mißerfolg der ganzen Aktion entscheiden kann. Sie wissen, daß wichtige Aussagen auch durch Nichtgesagtes und Körpersprache

übermittelt werden. Folgendes müssen Sie kommunizieren: Sie werden dem Problem auf den Grund gehen, Sie werden etwas unternehmen, und der Mitarbeiter muß aktiv seinen Teil zur Problemlösung beitragen. Sie spielen dabei die Rolle des Partners, der Rat und Unterstützung anbietet.

3. Hören Sie aufmerksam zu, bleiben Sie neutral, lassen Sie sich nicht zu bestätigenden oder ablehnenden Aussagen verleiten. Klären Sie das anstehende Problem und sichern Sie sich die Kooperation Ihres Gegenübers — freundlich, aber entschieden.
4. Lassen Sie sich von Ihrem Mitarbeiter die Zusicherung eines bestimmten, klar definierten Verhaltens für die Zukunft geben. Halten Sie die Abmachung in Gegenwart des Mitarbeiters schriftlich fest.
5. Gesprächsnotizen sind ein notwendiger Bestandteil Ihres Führungsstils.

Die Ergebnisse sind es, die für die Strategie des Durchgreifens sprechen. Erstens wird Ihre Selbstachtung und Arbeitszufriedenheit steigen. Zweitens sichern Sie sich Respekt bei allen Ihren Mitarbeitern. Drittens schaffen Sie ein anhaltend gutes, von Optimismus und gegenseitigem Vertrauen gekennzeichnetes Betriebsklima. Und letztlich steigern Sie die Leistungen im Unternehmen.

Die drei Bauernsöhne und der Misthaufen — Ein modernes Märchen

Es waren einmal drei Bauernsöhne, die standen vor einen großen Haufen Pferdemist, der sich auf dem Hof angesammelt hatte. Der erste Sohn, ein sensibler Junge, begann zu klagen: »Das ist ja furchtbar«, sagte er. »Der Mist stinkt entsetzlich, und das wird bestimmt noch schlimmer. Und wir können gar nichts dagegen machen. Es ist einfach schrecklich.«

Der zweite Sohn war aus härterem Holz geschnitzt. »Natürlich können wir etwas tun. Wir können den Mist verbrennen. Aber dann haben wir wochenlang unter der Luftverschmutzung zu leiden.«

Der dritte Sohn war der intelligenteste. Er sagte gar nichts, sondern griff zur Mistgabel und ging auf den Haufen los. Die zwei anderen riefen: »Was machst du denn da?« Der dritte Sohn erwiderte: »Wenn hier soviel Pferdemist ist, dann muß da drin irgendwo ein Pferd stecken.«

Ich denke, die Moral der Geschichte liegt auf der Hand. Der erste Sohn ist duldsam und pessimistisch und richtet sich auf eine trübe Zukunft neben dem Misthaufen ein. Der zweite Sohn ist ebenfalls negativ eingestellt. Er kann das Problem zwar momentan lösen, aber die verschmutzte Luft ist ebenso unangenehm, vielleicht erstickt man sogar am Rauch. Der dritte ist ein echter Problemlöser, seine Einstellung ist positiv: Er geht den Mist aktiv an, und er wird ein Pferd besitzen.

Stichwortverzeichnis

A

B

D

E

F

G

H

HEYNE BÜCHER

Grundwissen Management

Das grundlegende Fachwissen für alle Unternehmensbereiche in kompakter, verständlicher Darstellung.

Hans-Hermann Stück
Grundwissen Kalkulation
Für Einzelhandel, Handwerk und Industriebetrieb. Mit vielen Beispielen zum Selbststudium
22/117

Hans-Hermann Stück
Buchführungstraining
Integrierte Lernschritte zur raschen und gründlichen Aneignung von Buchführungskenntnissen
22/164

Ernst Obermaier
Grundwissen Werbung
Marktchancen erkennen – Zielgruppen optimal ansprechen – Budgets bestimmen – Erfolge kontrollieren
22/203

Raimund Berger/
Wolfgang Borkel
Grundwissen Betriebsorganisation
Mit zahlreichen Beispielen und Checklisten für die Praxis
22/207

Hans-Georg Lettau
Grundwissen Marketing
Marktforschung und -planung, Produkt und Preis, Verkauf und Vertrieb, Werbung und PR
22/218

Günther Krüger
Grundwissen praktische Betriebswirtschaft
Abläufe und Strukturen im Unternehmen
22/227

René Klaus Grosjean
Handbuch Geldbeschaffung
Finanzierungsalternativen – Erfolgreiche Kreditverhandlungen – Leasing – Sponsoring
22/301

Hans-Hermann Stück
Grundwissen Steuern
Alles Wissenswerte für das Gespräch mit dem Steuerberater bzw. Finanzamt.
22/305

Wilhelm Heyne Verlag
München